RUBENS TEIXEIRA SCAVONE
O HOMEM QUE VIU

COLEÇÃO APL
PERFIS BIOGRÁFICOS
5

RUBENS TEIXEIRA SCAVONE

O HOMEM QUE VIU

MARCIO SCAVONE

imprensaoficial
GOVERNO DO ESTADO DE SÃO PAULO

COLEÇÃO APL
PERFIS BIOGRÁFICOS

A Academia Paulista de Letras completa 111 anos em 2020, ano atípico na aventura humana por este planeta. O insólito moveu o eixo da Terra e quase tudo passou por revisão.

Momento propício para o resgate de vultos um dia chamados para o convívio num salão destinado a tertúlias literárias e ao cultivo do belo, que não se restringe às Letras. A permanência das Academias, inspiração helênica revigorada no século XVII em França, é condicionada ao evento morte. Os acadêmicos são vitalícios e a sucessão apenas ocorre quando eles partem da vida para enfrentar o insondável.

Nomes tutelares integraram essa Casa de Cultura por excelência, há décadas situada no largo do Arouche. Dedicar a cada um deles uma síntese biográfica atende a vários objetivos. O primeiro é preservar o culto à memória dos que devem ser lembrados. Eleger quarenta intelectuais como representação da literatura de um estado como São Paulo, cuja história é uma epopeia prenhe de heroísmos, não é missão singela. Quem são esses acadêmicos, quem foram as pessoas desse colegiado? De onde vieram, o que produziram? Deixaram lições para as gerações que os sucederam?

Pensemos ainda na contribuição ao encadeamento da História. Uma instituição que consegue persistir em cena por mais de século, arrostando as naturais dificuldades que à cultura se antepõem num país heterogêneo, que ainda não obteve nível educacional comparável às grandes nações, por certo servirá como signo de caminhos a percorrer, como padrões de incessante aprendizado.

Numa era em que o declínio de valores é fenômeno global, às novas gerações se oferece aqui um elenco de balizas inspiradoras. Existências fecundas representam primícias que germinaram em solo pátrio ou aqui se desenvolveram e constituem testemunhos de que talento e protagonismo são atemporais.

Vidas singulares, na esplêndida diversidade com que se apresentam os seres humanos, são retratadas em relatos breves, com a esperança de que suscitem a curiosidade dos leitores, levando-os a aventuras tanto generosas quanto restauradoras. A exuberância desse tempo reconstituído é mosaico expressivo do lavor desenvolvido por todos os acadêmicos nesse percurso de pródiga participação num colegiado pluralista.

Tempos virtuais de irreversível imersão em altas tecnologias não inibem a compatibilidade com a reverência ao passado, para revigorar o pertencimento à terra paulista, característico a todos esses perfis.

Enfim, é o preito à imortalidade factível: manter todos eles na lembrança dos que ainda virão. Propósito de todos os que abraçaram esta Coleção.

JOSÉ RENATO NALINI
Presidente

SUMÁRIO

Para minha irmã, Maria Silvia.

O HOMEM QUE VIU

Um enorme meteoro, desses que a cada mil anos conseguem se esquivar das defesas de nossa atmosfera, rasga o céu boreal e se aloja num lago siberiano, deixando em seu rastro centenas de feridos. Li a notícia no jornal há alguns anos, e pensei em meu pai, o escritor Rubens Teixeira Scavone, e na excelente matéria-prima que a notícia teria sido para um de seus contos. *O homem que viu o disco voador* – foi esse o título de seu primeiro livro de ficção científica publicado em 1958, o subtítulo dizia simplesmente: (Novela).[1]

Conhecendo a precisão de meu pai com as palavras, aquilo tinha a ver com o sentido clássico da definição de novela: palavra romântica que designa uma narrativa menos extensa do que um romance, mais extensa do que um conto e, principalmente, linear, e, neste caso, centrada em um único personagem do começo ao fim, com final inesperado, mas lógico. Seu personagem era um piloto de linha internacional, um remanescente de [Antoine de] Saint-

1 Senbur T. Enovacs [Rubens Teixeira Scavone], *O homem que viu o disco voador*. São Paulo: Distribuidora Paulista de Jornais, Livros e Impressos Ltda., 1958.

-Exupéry, que, ao fazer a curva de aproximação do aeroporto de Congonhas, experimenta uma série de panes inexplicáveis devido à presença de um óvni (objeto voador não identificado) e arremete na cabeceira da pista.

A história abre assim:

> PRIMEIRA PARTE
>
> O MISTÉRIO
>
> I
>
> **Crepúsculo sôbre São Paulo**
>
> Tudo começara naquela tarde fria e nevoenta [...] Nuvens baixas e ameaçadoras cobriram a cidade e um vento frio varreu os arrabaldes mais elevados, antecipando a queda de uma garoa fina.
>
> O quadrimotor contornava os limites da cidade.

Pronto, impossível largar o livro, *best-seller* imediato num gênero inusitado que estreava por aqui, a ficção científica. Em 1958, morávamos perto do parque Ibirapuera, o céu crepuscular de São Paulo era límpido e as noites sem lua ainda eram escuras. Era possível observar, do portão de nossa casa, as constelações e aquelas pequenas estrelas que andavam pelo céu e que não eram estrelas, a elas se dava o pomposo nome de satélites artificiais.

Se os anos 1950 foram a época da imaginação do espaço sideral, a década seguinte foi a da sua constatação. As crianças brincavam de astronauta e conversavam sobre os temíveis canais de Marte e suas areias vermelhas. Meu pai, com uma lanterna cujo facho deixava um rastro na névoa noturna, apontava o céu e contava histórias para minha irmã e eu. Histórias de um caçador mítico, chamado Orion, perseguido por escorpiões Via Láctea afora, ou de globos metálicos com quatro antenas que emitiam bipes, giravam em torno da Terra, se chamavam *sputniks* e tinham partido de uma base em um país frio e distante. Éramos reféns de sua imaginação e de seu entusiasmo contagiante. Observávamos as luas de Júpiter e eu, com seis ou sete anos, os olhos apertados contra a ocular de uma primitiva luneta da DF Vasconcellos ou de um telescópio caseiro, dizia: "Estou vendo uma bolinha azul bem perto de uma grande estrela que não pisca!". Talvez fosse uma gota de orvalho ou uma estrela distante, mas para mim era Io ou Ganímedes,[2] só para ver o sorriso no rosto de meu pai.

Não sei o que me impressionava mais: o anagrama misterioso sob o qual ele assinara seu primeiro livro, Senbur T. Enovacs — e por que cargas d'água teria feito isso? Seria meu pai agente duplo? — ou aquela capa maravilhosa e juvenil, digna de um pôster para um dos filmes do Spielberg, décadas antes das criações do diretor de Hollywood tomar por assalto a imaginação do mundo.[3]

Todos bebíamos das mesmas referências, o mundo era mais simples nos anos 1950, assistíamos enfeitiçados aquela série de tv *The Twilight Zone* (*Além da imaginação*), ou sonhávamos com as belas capas da coleção portuguesa *Argonauta*, cujos volumes se espalhavam pela nossa casa e um dos títulos, para meu

2 Io é uma das quatro grandes luas de Júpiter conhecidas como Luas de Galileu, em homenagem a Galileu Galilei, seu descobridor. Ganímedes, também conhecido como Júpiter III, é o principal satélite natural de Júpiter, sendo também o maior do Sistema Solar (maior que Mercúrio em volume, mas não em massa). [N.E.].

3 Steven Spielberg [1946] dirigiu filmes que se tornaram clássicos da ficção científica, como *Contatos imediatos do terceiro grau* [1977], *E.T.: o extraterrestre* [1982], *A.I.-Inteligência artificial* [2001], entre outros. [N.E.]

espanto, era *O homem que vendeu a Lua*, de Robert Anson Heinlein. Esse "homem" estava em toda parte. Meu pai dizia: "Tudo que um homem imagina outro realiza". Apaixonado por Júlio Verne desde criança, atribuía ao escritor bretão o pioneirismo no gênero, mas elegia *Frankenstein* como a primeira história de ficção científica de fato.[4]

Num ensaio para o "Suplemento Literário" d'*O Estado de S. Paulo* chamado "A noite de Valpurgis", ele escreveu:

> Estou convencido, assim foi, as notícias não são lendas, confiáveis os registros históricos, o romance *Frankenstein*, de autoria de Mary Shelley, constitui o germe da ficção científica.

Depois prossegue investigando certo verão em que

> quatro criaturas privilegiadas, na sala central da Villa Diodati, mais por necessidade que por desfastio, procuravam intuir dos arcanos da vida e da morte, inconvictas de que discursavam de si mesmas, em tormentoso paralelo alijando-se de angustias, talvez em prol de suas próprias identidades.

Eram eles: os poetas já consagrados Lord Byron e Percy Bysshe Shelley, a mulher deste, Mary, e certo John William Polidori, escritor inglês de origem italiana, mestre de histórias de horror e autor de

4 *Frankenstein: or the Modern Prometheus*, Prometeus, romance de terror gótico, escrito por Mary Shelley quando tinha 19 anos, entre 1816-1817, publicado em 1918, sem crédito para a autora na 1ª edição. Costuma-se considerar a versão revisada da 3ª edição, de 1831, a definitiva. No Brasil publicada como *Frankenstein*. [N.E.]

O vampiro, um grande sucesso literário da época. Pois os quatro alugaram uma *villa* às margens do lago Genebra e numa noite "estranhamente frígida tramaram, através da pena de Mary, a história de Frankenstein". Na voz de um Lord Byron tornado personagem, meu pai escreve:

> A imaginação é o essencial, o imaginador faz com que a vida revele o seu princípio oculto.

E continua ainda na voz do poeta, descrevendo o passatempo escolhido para aquela noite distante.

> Cada um de nós deverá escrever uma história, mas uma história de fantasmas.

Nascia assim, na sua visão, a sua amada ficção científica, pelas mãos da criatura conjurada entre relâmpagos e fagulhas de imaginação, esta, sua palavra favorita.

A busca pelo futuro levou-o ao passado. Viajou para a Suíça e contemplou a sala onde Mary e os quatro companheiros trouxeram a primeira história de realismo fantástico à luz, sentou-se à sua mesa e sentiu a presença do seu espectro, ele me escreve depois em um cartão-postal. Mas voltemos aos discos voadores. Esse mito do século XX deve muito de sua criação a George Adamski (1891-1965), americano nascido na Polônia e autodenominado "professor itinerante", o primeiro ufólogo e primeiro homem a alegar ter encontrado com um extraterrestre. Controverso e singular, foi o fundador da obscura *Royal Order of Tibet*, dedicada à "filosofia científica", na Califórnia. Numa noite de outubro de 1946, em meio a uma chuva de meteoros, fotografou um óvni no formato de charuto pairando sobre o monte Palomar, em San Diego. Essa foto deu origem ao mito, agora visual, dos discos voadores. Adamski alimentou a imaginação das plateias do pós-guerra, propensas ao escapismo e a aceitar inimigos mais distantes, de preferência estranhos na aparência, pois a guerra na Europa de irmãos contra irmãos tinha exaurido a humanidade e propiciado um clima de fuga para lugares e criaturas diferentes de tudo por aqui.

Um venusiano chamado Orthon, alegava ele, fazia contato por telepatia e sinais vagamente decifráveis com a mão. Ele acreditava ainda que as primeiras fotografias do lado oculto da Lua tiradas pela sonda soviética Lunik 3 eram falsas, sustentando que haviam sido alteradas para mostrar uma superfície lisa e sem vida, quando na verdade exibiam cidades, árvores e picos nevados. Dono de uma natureza extremamente visual, a relação de meu pai com a fotografia era semelhante à sua relação com a própria ficção científica. Em ambas, a imaginação se apoiava na técnica, na ciência, e se realizava na estética, no papel. A evidência fotográfica era a principal ferramenta dos ufólogos, e a fotografia, sua outra paixão. Essa foi a vocação que herdei e, agora, às voltas com esse teclado, penso no círculo que se fecha. Dezenas, talvez centenas de relatos de aparições de óvnis vinham acompanhados de fotografias, e essas fotos, geralmente tremidas e granuladas, eram objeto de estudo nas noites de sábado da minha infância. O que era isso? Um disco voador, uma tampa de lata de lixo ou uma arma secreta dos russos? Adamski chegou a garantir que um dos fotógrafos de efeitos especiais da equipe de Cecil B. DeMille havia examinado e comprovado a autenticidade de seus negativos e até mesmo localizado um alienígena em um deles. E ainda teria dito que, se as fotos eram falsas, estava diante da melhor falsificação que já tinha visto.

Tudo isso era combustível para as escritas de meu pai. Era natural também que se envolvesse com a elaboração das capas de seus livros, e eu ia junto. Quando escreveu *O diálogo dos mundos*, em 1965, antecipando em duas décadas a publicação de *Contato*, de Carl Sagan, fomos fotografar o recém-chegado equipamento Zeiss do Planetário do Ibirapuera. Mais tarde, num efeito de solarização que remete ao fotógrafo surrealista Man Ray, e um pouco de talco borrifado sobre o papel Agfa em que criávamos a capa, na luz vermelha do laboratório improvisado, eu via galáxias e nebulosas surgirem. Sempre me admirei com a capacidade de meu pai de antecipação dos fatos e das possibilidades que o futuro poderia apresentar. Júlio Verne talvez tenha sido a centelha que carregava em si desde criança, debruçado nas edições ilustradas da sua coleção Hetzel.

Outro conto memorável, no qual virei personagem e modelo, é sobre uma criança que ganha um robô do pai. Na trama de "O menino e o robô" o laço afetivo entre eles, exacerbado com um vínculo telepático de praxe, acionado pela loja de brinquedos, se torna tão forte que a máquina, diante das impossibilidades da vida e da súbita doença que se apossa de seu pequeno dono, provoca a sua própria destruição, consumindo-se numa bola de fogo. O conto começa, bem ao seu estilo, estendendo à nossa frente o pano de fundo e o palco. A casa nova da família com uma mata no quintal, o casal e a iminência de partida do pai que, para suprir a culpa da ausência recorrente devido à compromissos profissionais, decide dar ao menino o tão sonhado anjo da guarda cibernético. Seguem trechos:

O pai debruçou-se sobre o postigo e aspirou o ar da madrugada. Depois aspirou mais fundo, como se quisesse deglutir a própria noite com seu odor de resinas e seu mistério inquietante. Ah! que bom ficar ali, sorvendo o conteúdo das trevas. Lá dentro, mesmo com o condicionador de ar, era diferente. Sentia-se enclausurado. Aliás, sempre o dissera: não ia dar-se bem. Nada para ele justificava a mudança. A esposa poderia ter razão. Talvez, *não fosse mesmo uma residência modelo, talvez não fosse* mansão digna do agora Superintendente do Quarto Quadrante Lunar; mas o certo era que a casa antiga era confortável e sempre suprira razoavelmente as necessidades da família. [...] Dois meses lá, uma semana aqui, e isso quando não ia para mais longe, naquelas desagradáveis viagens de inspeção a Vênus ou a Marte.

[...]

Resolveu sair, fundir-se com a grande noite que já ia velha.

[...] Viu-se envolvido pela noite terrestre. Pôs-se a andar sem destino até que atingiu a orla do pinheiral. Parou, voltou-se e examinou a casa de longe. Era uma joia engastada na clareira.

[...]

Parou, espiou o céu pálido, de astros embaciados e tímidos, e resvalou a mão sobre a casca milenar de um abeto. Começou a regressar devagar, articulando nova corrente de pensamentos.

[...]

Quando entrou no dormitório, a mulher estava acordada. Muito branca, meio perplexa, era mancha clara se destacando ao centro do leito rasteiro. Havia aberto o postigo e uma leve turbulência formava-se no aposento, em consequência da corrente de ar que vinha do condicionador. Sentada no meio do leito, seu traje noturno esvoaçava como se ela fosse uma flor despetalando-se.

Ele premiu o comutador e cerrou a abertura. Apertou outro botão e a luz solar espalhou-se no quarto, dissipando o clima de irrealidade.

— Acordei assustada. Por onde andou? Procurei-o pela casa e tive medo. Onde andou?

Ele acercou-se do leito e acariciou-lhe os cabelos.

— Medo? Susto? Sim, é a nossa segunda noite nesta casa, isso é explicável. Não foi nada. Também tive um sonho mau. Levantei-me, abri a janela e vi aquela mata lá embaixo. Alguma coisa impeliu-me para fora. Aqui estava abafado, e lá tão claro, tão quieto, tão misterioso...

— Espiou o menino? Dormia bem? Não estava descoberto?

— Sim, aquiete-se, tudo estava em ordem. Saí apenas para lutar contra a insônia. Você já viu como lá fora tudo fica bonito com a névoa rasteira a refletir o luar?

Levantou-se. Pegou-a pela mão e olharam pelo postigo novamente descerrado.

— Veja, parece uma paisagem de sonho, de sonhos ou então de Vênus. Esses abetos altos, todos unidos aquele vale profundo, esse aroma selvagem, esse odor de terra...

— Já sei, querido. Não pense em sua ida depois de amanhã. Você está com saudades prematuras do nosso planeta. Olhe — brincou — isso está se acentuando cada vez mais. Sempre, nas vésperas de cada viagem, você fica assim. Escute, não seria melhor consultar o especialista?

Ele afastou-se bruscamente, largando-lhe a mão como se tivesse tocado espinhos.

— Não é nada, tolinha, deixe disso. É assim mesmo. Com todos acontece o mesmo. É a distância, é a velocidade, é a sensação inominável de ver a nossa morada perdida no espaço, transformada num ponto brilhante como se talvez mesmo não existisse a não ser em nossas recordações...

Voltou para a cama e sentou-se. Fitou a esposa nos olhos e puxou-a para si.

— Sabe de uma coisa? Tenho pensado, às vezes. O pior não é a distância. É a impressão de dupla existência. Toda vez que entramos na nave, toda vez que aceleramos vencendo o espaço, desligando-nos da Terra, temos a impressão de penetrar em outra vida, como se fôssemos outras pessoas, como se não fôssemos mais nós. Tudo se torna irreal, impalpável. Não sei, tenho pensado muito nisso sem chegar a qualquer solução. Durante o percurso, poderia ser uma sugestão provocada pela ausência de gravidade. Mas lá, na Lua, em Marte ou Vênus, mesmo dentro das cúpulas e nos edifícios, a coisa é igual, sem explicação.

Ela sentou-se ao lado, ouvindo calada a confidência.

— Veja só, isso acontece também com meus companheiros. No voo a outros planetas parecem uma coisa. Depois quando voltamos e nos encontramos aqui outra vez, não em serviço, mas apenas como amigos, parecem outros. Eu próprio às vezes tenho a impressão de estar fitando um desconhecido no espelho. Só as fisionomias são iguais. No resto somos estranhos, pertencemos a outra realidade, a outra vida, personagens saídos do sonho, da memória, do subconsciente...

— Deixe de pensar nisso. Bobagens, você está preocupado com a nova inspeção. Para onde vai desta vez? Muito longe?

— Não. Apenas um pulo até Vênus, a fim de examinar coisas ligadas ao sistema de comunicação. Alguma coisa não vai bem na Estação Central. Um tipo incomum de interferência.

— E a casa? Arrependido ainda da mudança?

— Não, querida. Quando estava passeando, raciocinei melhor. Você tem razão, sempre fui egoísta com esta mania de pensar no futuro. Afinal de contas, vocês é que vivem aqui o tempo inteiro. Eu vivo dentro dessa ubiquidade, de cá para lá. O futuro está garantido, não vou pensar mais em economias. Afinal, tenho certa posição e vocês dois mereciam residência melhor, longe daquele amontoado que está ficando a cidade. E sabe de uma coisa, sabe o que vou comprar agora?

Ela acercou-se, mostrando interesse.

> — Vou realizar o sonho de ambos – do menino e seu. Vou comprar um robô. O mais completo que achar, com as últimas adaptações, custe o que custar.[5]

E o robô e o menino se tornam melhores amigos até que a tragédia os separasse. A mata na volta da casa, aquela que o pai caminhava nas noites de insônia se torna seu lugar de descanso final, como fazemos com nossos bichos de estimação, talvez como devesse ser, agora havia uma legislação para isso. O robô inconformado se dá uma carga elétrica excessiva e o texto amarra, com solidez metálica, o final da história.

> De súbito, um rugido atroador fendeu a madrugada. Uma bola de fogo precipitou-se pela saída da casa e saiu estertorando pelo pinheiral, deixando um rastro fantástico à sua passagem. As folhas secas retorciam-se, os galhos partiam-se, a vegetação recuava, encolhiam-se para deixar passar a massa ígnea que se precipitava em direção ao vale. A própria névoa dissipou-se, profanada pelo corredor de chamas que lhe varou as entranhas. Depois o ribombo atroou, como se um foguete se houvesse despedaçado na ravina. O eco estrugiu muitas vezes, a neblina formou rodamoinhos e reconquistou o terreno espoliado, como um animal se contraindo e lambendo as próprias escaras.
>
> — O robô! O robô! — gritou a esposa.
>
> — Sim, o robô! — anuiu, perplexo, o marido.
>
> No quarto do menino estava o carregador de baterias. O cheiro de alta energia espalhava-se no ambiente. O ponteiro mostrava-se emperrado na zona vermelha. A carga máxima fora superada mais de dez vezes: o choque anafilático do organismo cibernético.

5 Rubens Teixeira Scavone, "O menino e o robô", *in O diálogo dos mundos*. São Paulo: Editora Clube do Livro Ltda., 1965.

> O robô mesmo havia se conectado aos comutadores e ligado a carga destruidora. A bola ígnea era a consequência.
>
> Olharam o vale. O cheiro estranho ainda se enroscava pelos abetos e pelas rochas. A trilha era uma massa informe de metais fundidos. Na beirada do despenhadeiro viram apenas restos fumegantes.
>
> Ele apertou a esposa nos braços. Queria sentir o perfume da vida, o aroma da terra.
>
> — Sim, o vendedor tinha razão. O robô era quase humano, humano, humano...
>
> O horizonte, como um rastilho de pólvora, incendiou-se de repente tocado pela primeira luz da madrugada, uma luz lívida, de curto-circuito e de voltagens descontroladas.[6]

Entre dois dos maiores ícones da literatura de ficção científica, Ray Bradbury e Isaac Asimov, meu pai balançava mais em direção ao humanismo e à poesia do primeiro, mas reverenciava o segundo e seu generoso mergulho na ciência para abastecer-se de ideias. Porém sua reverência e admiração não o impediu de violar sem consideração alguma, nesse conto, uma das famosas leis da robótica de Asimov — a terceira, que negava ao robô direito ao suicídio, pois o enredo dramático de "O menino e o robô" assim pedia. Acho que seu estilo existia exatamente entre a poesia de Bradbury e a ciência de Asimov. Encontrou seu próprio caminho humanista dentro da ficção científica, apaixonando-se por um gênero de literatura que no Brasil não era considerado, digamos, sério.

Seu segundo livro, chamado *Degrau para as estrelas*, de 1961, carrega para dentro da literatura seu outro lado, sua dicotomia gritante. Explico: meu pai,

6 *Ibidem.*

formado em Direito, fez carreira no Ministério Público, certamente o motivo de ter escrito sob *nom de plume* em forma de anagrama o seu *O homem que viu o disco voador* – sabia que nem mesmo sua portentosa imaginação daria conta de explicar a seus conservadores colegas do Tribunal de Justiça que dedicava suas noites ao estudo de alienígenas e planetas distantes. Eu brincava com ele dizendo que sua máquina de escrever, a mesma em que elaborava seus pareceres sobre processos criminais e compunha seus contos e romances, era como uma bicicleta velha de algum *partisan* da resistência francesa: de dia entregando pães, e à noite mensagens em código para espiões vestindo capas *Mackintosh* acompanhados de belas mulheres... Nesse livro um condenado do sistema penal americano tem a possibilidade de indulto caso concorde em fazer um dos primeiros voos orbitais da Terra, ser, assim, uma cobaia sideral e, vítima que era de um erro judicial, a trama cresce. Enredo hollywoodiano, filho intelectual que fora o autor, dos anos 1940-50, quando os homens do "bem" que libertariam o mundo ocidental do jugo totalitário chamavam-se Joe ou James, e se apaixonavam por Janes ou Graces.

Não por acaso se tornou um anglófilo, certa vez me contou que na casa paterna em Itatiba, cercados de descendentes de italianos tornados fascistas com a adesão da Itália de Mussolini à II Guerra Mundial, meu avô e ele, para vaia geral, eram os únicos pró Inglaterra, mesmo antes dos americanos chegarem. Isso explica em parte seu fascínio pela literatura anglo-americana e sua vocação por uma literatura não regionalista, mas sim, urbana e universal. Navegava com [Walt] Whitman no timão e [Herman] Melville no passadiço. Essa sua visão singular da literatura está em perfeita sintonia com o prefácio de autoria de seu padrasto, José Geraldo Vieira, para a primeira edição de *O diálogo dos mundos*, quando diz:

> Ora existe mesmo o Universo. Dele trata a ciência especializada em diferentes tarefas. E dele tratam a arte e a literatura, especializadas em pintura, gravura, desenho, escultura, poesia, conto, novela e romance. A cosmogonia de que se ocupam a arte e a literatura é tratada por estas duas megeras em termos reais, fantásticos, místicos, oníricos, surrealistas e de antecipação científica.[7]

Sua profunda dedicação ao gênero da ficção científica é reflexo no avanço da astronáutica e da exploração do espaço. Seu mundo fictício precisa ir longe para ser examinado, antes em segurança por um telescópio, depois, constatando que não havia fuga possível da condição humana, deitava seus personagens em lâminas de vidro e recorria, desta vez, ao microscópio para esmiuçá-los e neles procurar vestígios de estrelas.

No conto "Passagem para Júpiter", o escritor se atira no ano 2222 e ao levar-nos ao futuro – hoje não tão distante – nos dá, mais uma vez com precisão fotográfica, sua visão da evolução das grandes cidades:

> [...] Vistas do alto, eram grandes pentágonos, octógonos estereoscópicos de contornos bem definidos. Eram como imensos cristais de neve analisados ao microscópio, eriçadas de poliedros translúcidos que apontavam os céus, como se fossem flechas góticas, cintilando em brilhos policrômicos. Tais cidades representavam também o produto da evolução. Se

7 *Ibidem.*

> Babilônia ou Nínive eram de argamassa, se Atenas e Roma eram de pedra, se Nova York e Chicago eram de aço, e se São Paulo fora de concreto, as metrópoles eram agora de cristais artificialmente criados, indestrutíveis, vencida assim a barreira do tempo, seu único inimigo.[8]

O personagem central, o professor Ismael Boscowitzs, era "apenas um professor. Mas professor num tempo em que realmente havia professores...". Ele sabia tudo, conhecia teoricamente todos os planetas, tinha projetado pavilhões e complicados canais hidráulicos a serem edificados nos desertos de Marte – dizia que os conhecia melhor do que o quarteirão do bairro onde vivia – mas na verdade nunca tinha viajado para fora da Terra. Ismael era o personagem perdido na sua planície interior procurando uma saída, e o planeta gigante ainda inexplorado parecia ser a saída. Talvez carregasse a centelha angustiante daquele outro Ismael que se fez ao mar para caçar a baleia branca, para o Ismael de meu pai, Júpiter seria o seu *Moby Dick*. O conto (premonitoriamente, se pensarmos nos dias de hoje) termina onde termina a ilusão do viajante:

> Naquele ano, em verdade, o mundo muito havia mudado. Tudo havia mudado, menos o homem.[9]

De repente, lá pelo final dos anos 1960, decidiu que era hora de se aventurar fora do nicho da ficção científica, ou melhor, deve ter notado, com sua implacá-

8 R. T. Scavone, "Passagem para Júpter", *in O diálogo dos mundos*, *op. cit.*

9 *Ibidem*.

vel autocrítica, que seus personagens estavam prontos para a aterrissagem, sua nave mãe, a criatividade, retornava para a Terra. Sua próxima aventura começaria no íntimo de um personagem obcecado por certa luz que vinha do Oriente, e narrava na primeira pessoa.

> O outono nas grandes cidades! Um brilho diferente da estrela de quinta grandeza que cria reflexos que cria reflexos ofuscantes nas janelas altíssimas dos arranha-céus, que tremula nas poças imundas debaixo de carrocerias possantes, que se desdobra na massa dúctil do asfalto molhado pela última torrente, que liberta gamas espectroscópicas nas manchas de óleo que se transformam em contornos cartográficos de oceanos e continentes. A estrela já não difunde calor. Mesmo no trópico, naquela estação, a luz é morna e esquiva, roça pela alvenaria e lambe o concreto lambuzando-o de tons pastel que contrastam com o azul do espaço, que é então avassalador.
>
> Foi nesse outono que comecei minhas descobertas e minhas investigações. Não posso e nem pretendo precisar a data. Como fui inoculado só deus o sabe e foi mesmo uma inoculação, um verdadeiro contágio. Primeiro descobri o mundo que me cercava.
>
> Vamos aos detalhes.
>
> Vi na parede, amenizando a realidade cronológica do calendário, a paisagem em Kodachrome que correspondia ao mês de maio. O espaço azul, a orla marítima rendilhada de barcos a vela. Construções álgidas no meio de reticências coloridas debruçadas sobre um litoral tipicamente mediterrâneo. Ah! O sul da França, o pedregoso das costas ibéricas. Virei a folha. Agora os tons eram dourados.
>
> Outra vez o mar, outra vez o violáceo perturbador, a ilha.
>
> Senti oxigênio puro nos pulmões intoxicados de nicotina. Pensei em pintores de minha predileção e pensei em viagens. Levantei-me e não mais ouvi o matraquear das máquinas. As vidraças estavam bem

> limpas e a paisagem real era como se fosse a terceira folha do calendário. Atirei-me no espaço com o ímpeto irracional de um suicida. Fui piloto sobre os cirros que patrulhavam a estratosfera em rondas cíclicas. Fui artista a pesar e considerar a distribuição amorfa e irregular dos cubos e retângulos de concreto que brotavam do abismo. Fui embarcadiço a assinar apenas uma cruz no livro dos engajados, a se dispor a tudo num cruzeiro sem prazo pelos mares do oriente, ansioso pela emoção de um naufrágio ou excitado pela promessa das descobertas. Fui patologista a procurar o detalhe anônimo e indistinguível para chegar ao diagnóstico.
>
> Sim a folhinha na parede tinha razão. Era um crepúsculo de outono; bem lhe podia ver as cores.[10]

Assim abre seu romance *O lírio e a antípoda*. A história de um amor trágico que se desenrola no bairro japonês de São Paulo, as ruas da Liberdade ainda eram revestidas de mistério e desconhecidas para os habitantes do resto da cidade. E foi lá que o personagem descobriu, metaforicamente, o mundo que o cercava. Em suas palavras:

> É nesse habitat misterioso que floresce Shiroma, a jovem de exótica beleza, o crisântemo amarelo sacrificado pelo monstruoso vendaval de Hiroshima.[11]

O escritor se vale como poucos da observação e dos detalhes para edificar a obra que exibe uma força dramática incomum. O ponto de vista do personagem é, às vezes, o de um fotógrafo, de um artista visual, tamanha a importância da luz que banha e anima os

10 R. T. Scavone, *O lírio e a antípoda*. São Paulo: Edart, 1965.

11 *Ibidem*.

objetos para construir a sua ideia de outono e o efeito dessa estação no estado de espírito do narrador. E continua algumas páginas adiante a situar a história não cronologicamente, muito menos geograficamente, o lugar é uma luz, uma temperatura, um humor, uma galáxia de detalhes que desenham as angústias e as expectativas do narrador. O palco é o outono e suas luzes e depois o inverno e sua vocação para a morte. Vejamos como o autor volta a envolver a história com a luz de maio:

> Ah! O outono das grandes cidades! Um brilho diferente escapa de todas as coisas e, se tivermos um pouco de imaginação e soubermos interpretar as minúcias, compreenderemos que não se trata propriamente de um estágio do planeta em sua revolução traçando a elipse e se afastando de um dos focos. Mas que se trata de certo estado anímico, da consciência que nos desperta para a vida, como que nos premunindo do negativo dos invernos.[12]

O bairro da Liberdade como pano de fundo é geografia autobiográfica visto que o Fórum velho, como ele dizia, e a praça João Mendes estão na fronteira do bairro japonês em São Paulo.

A primeira vez que olhei para aquele bairro foi numa tarde de outono no comecinho dos anos 1970. Foi quando percorri aqueles quarteirões na companhia de meu pai com uma câmera Kodak Super 8 nas mãos. O mistério e a magia do bairro japonês já tinham há muito tempo capturado sua imaginação de escritor. Meu pai era um refém da Liberdade. Um passo na minha dianteira, ele narrava aquela cami-

12 *Ibidem*.

nhada enquanto chamava a minha atenção para a luz singular daquela época do ano nos trópicos e que pincelava os velhos edifícios com uma tinta âmbar nostálgica.

No mês de maio, por algum capricho astronômico, conseguimos aqui em São Paulo, sob a sombra imaginária da linha do Capricórnio, observar as pessoas e as coisas banhadas por uma luz oblíqua e tépida, típica das altas latitudes, semelhante àquela do arquipélago distante, alvo de nossa curiosidade. Meu pai caminhava rápido e gesticulava como um diretor de cinema que exigia concentração e foco de seu *cameraman*, eu mesmo, improvisado e aturdido tentando acompanhá-lo e me colocar onde a ação se dava. Mas no fundo eu já desconfiava que toda aquela ação se passava na sua memória e que a busca seria por Shiroma, só que desta vez, com o livro já publicado, ele andava pelo cenário como um leopardo que acorda de manhã na savana e olha para a carcaça da gazela devorada.

Acho mesmo que ao escrever ele fazia retratos. Era mais que um escritor. Seu flerte com a fotografia modernista nos anos 1950 teria deixado fendas profundas entre seu olhar e seu cérebro. E é nesse abismo, uma espécie de poço da sua querida Alice, de Lewis Carroll, esse buraco negro, para usar metáfora mais próxima de suas paixões, que suas histórias eram processadas num misturador de fantasia com realidade.

Suas fotografias *vintage* foram expostas no Grand Palais, em Paris, em 2018; na galeria espanhola RocioSantaCruz, em Barcelona, no mesmo ano, e estarão no MoMA - Museu de Arte Moderna de Nova York em mostra focada na importante produção amadora modernista da Escola Paulista, da qual meu pai fez parte. Como não poderia deixar de ser, foi um dos maiores colaboradores do seu boletim mensal e eventual editor. Foi um pensador da fotografia, então contemporânea, hoje modernista, e um de seus textos no *Anuário Brasileiro de Fotografia* de 1957 define de maneira romântica e literária sua visão daquela arte:

> Genericamente poderíamos dizer que a fotografia de hoje não é apenas a devolução mecânica de uma realidade visual. É muito mais do que isso. É visão particular através da sensibilidade escoimada, principalmente, é criação em sentido amplo onde a realidade não raro se torna mero pretexto, veículo comunicativo, passaporte de tudo onde exista parcela enclausurada de beleza.

A redescoberta dos modernistas e os caminhos para o MoMA e a Paris Photo passou pela exposição "Fragmentos: Modernismo na fotografia brasileira" montada pela Galeria Bergamin. Seu amigo e admirador, o escritor e crítico Roberto de Sousa Causo, impactado por uma de suas famosas imagens de balões na exposição, provavelmente inspirada do premiado *Le Ballon rouge* [*O balão vermelho*], filme de 1956, de Albert Lamorisse, escreveu:

> Uma de suas fotos exposta plasmava essa lição que ficou comigo, de Rubens Teixeira Scavone, o escritor de ambição mas sem presunção literária, justamente de que o homem de letras é esse olhar do homem transformado pela literatura até tornar-se um agente dela: uma constelação de balões semitransparentes, pairando contra um céu abissal, fulgurante mesmo em preto e branco, O olhar que mira os balões, de baixo para cima a partir do feixe de cordas que os sustentam, parece ser límpido e sorridente, como o de um menino que mira o

infinito sem vacilar. Os balões pedem para serem soltos um segundo depois do clique da câmera. Rubens certamente voou com eles.

E eu – e minha infância indelevelmente tatuada por essa magia – voei junto, como modelo, transformado em meu pai criança, pois na grande tradição do retrato fotográfico minha imagem com 7 ou 8 anos foi, para ele, um autorretrato .

Mergulhado nos seus escritos, seus vestígios, velhas fotografias de família e vasculhando minha memória, tento pintar o retrato do artista Rubens Teixeira Scavone, e não do pai. Releio livros que ele leu, grifados e cheios de pontos de exclamação, abro caixas de papelão cheirando a tempo e encontro uma nota amarelada e datilografada, um tesouro, dizia assim: "Tua memória e teus sentimentos serão apenas o alimento do seu impulso criador", Arthur Rimbaud. O quebra-cabeças ganhava mais uma peça. Deixava claro um jeito de ver a vida que para mim desenhava a silhueta enigmática de Senbur T. Enovacs. Era como se ele me dissesse: Seja regular na vida para que possa ser transgressor. Rebelde, ígneo e explosivo na sua criatividade.

Meu pai foi um homem de hábitos, minha mãe, que o cercou de amor, pavimentou sua estrada com tijolos amarelos. Na sua maturidade intelectual olhou ao redor e enxergou o grande tema. Nos anos 1960 ficamos sócios do Clube de Campo de São Paulo. Um clube de elite, subdividido em departamentos relativos aos esportes que sediavam. Sede central, sede do náutico, do golfe, do tênis, da hípica etc. Seus frequentadores, um corte transversal na sociedade afluente paulistana. A natureza, às margens da represa de Guarapiranga, límpida naqueles dias, era um esplendor. Glamoroso e sofisticado, era a passarela de certa, por que não, *jeunesse dorée*, por estas bandas. Um clube cosmopolita pela quantidade de estrangeiros que o frequentava. Meus pais eram do tênis, e foi ali, no departamento menos sofisticado ou glamoroso que ele montou a sua luneta. Rubens, o romancista tinha se preparado a vida inteira para construir essa que seria sua obra-prima. Logo na abertura de seu premiado romance *Clube de campo* ele nos avisa:

> Uns, para dizerem deste grão cósmico e de seus vermes, valeram-se de uma nau; outros, de uma ilha; outros mais, da rua principal ou do lugarejo. Alguns ainda, de uma ponte sobre o abismo, a cartuxa, o castelo, o sanatório.
>
> É variado o catalizador.
>
> A baleia ou a guerra; a peste ou certa emoção coletiva; o sol argelino ou o corcunda; o leopardo rompante ou um crime banal.
>
> Este meu Clube é também um processo.
>
> O agente catalítico: uma espécie de Ofélia, nua e branca, pétala de rosa flutuando na represa poluída:
>
> O resto é notícia. Objetiva e subjetiva, de tudo o que os vermes segregam sobre o grão. Trata-se, porém, de ficção. Qualquer semelhança com Clubes, criaturas – vivas ou mortas – ou situações terá sido, portanto, mera coincidência.[13]

Quando digo que o pano de fundo estava pronto para sua ópera, quero dizer que as circunstâncias que coincidiram com o inflar de seu balão criativo – dessa vez alimentado pelas pessoas, histórias e eventos que circulavam naquele microcosmo, que era muito mais do que gramados, saibro e água –,

13 *In* R. T. Scavone, *Clube de campo*. Rio de Janeiro: Record, 1973.

foi sacudido por um fato, para ele escritor de ficção cientifica e um entusiasta da aviação e agora da astronáutica, mais do que notável. O homem finalmente viajaria para a Lua.

Meu pai ponderou aqueles oito dias da Missão Apollo 11 e criou, em contraponto, o crime banal como catalizador. O esgrimista aquecia o sabre com movimentos rápidos e circulares. Estava pronto para o embate. A trama policial se desenrola no universo geográfico do clube, que ele conhecia tão bem, mas avança para dentro, avança em direção à sua geografia mental habitada por personagens de estatura épica, colhidos ao longo de sua vida de leitura e estudos. Povoou um mero clube de campo com personagens ora saídas de um [Joseph] Conrad, ora herdeiras de uma heroína de [Liev] Tolstói. Procurou no celebrado escritor norte-americano John dos Passos em sua trilogia USA[14] aplicar o experimento de confrontar o mundo fictício de seus personagens com as notícias do mundo real, lá fora. Os capítulos não são capítulos, são cortes cinematográficos seguindo a cronologia daquela semana fatal que, a seu ver, colocaria a humanidade em xeque. Pela primeira vez, fora da ficção de seus adorados Heinlein, Bradbury, [Arthur Charles] Clarke e Asimov, que o homem existiria fora de seu berço.

Meu pai dizia que uma catedral medieval reunia toda arte, toda a engenharia, toda a energia, toda a esperança e fé da humanidade, e que o foguete Saturno 5 era o equivalente contemporâneo, mirando como uma solitária torre gótica, chegar em outro

14 Trilogia *U.S.A.*: *Parallel 42* (1930), *Nineteen nineteen* (1932), *The Big Money* (1936], publicados no Brasil por Rocco e Benvirá, com os títulos *Paralelo 42, 1919* e *O grande capital*, edições esgotadas [N.E.]

mundo. O formato do romance, com seu roteiro cronometrado e intercalado pelas notícias daquela célebre semana em julho de 1969 já evidencia o desejo que o autor demonstra em frisar que o embate entre ficção e realidade não faz vítimas, apenas reféns. Somos nós, os leitores, os equilibristas num cabo de aço esticado entre o planalto da rotina e o despenhadeiro da aventura. A humanidade dava seu maior passo, imitava os deuses e transitava entre dois mundos, mas na Terra, ah, por aqui, tudo era igual, o egoísmo, o desejo, a ambição e a fortuna, o amor e o sexo, tudo continuava em sua órbita rotineira e insignificante à luz da nave americana deslocando-se a 10 km por segundo.

Seu *Clube de campo* é também um retrato do Brasil. A ditadura, o desvão social gritante no cenário do clube nos chega em clipes como esse:

> 20 de julho, domingo [1969]
>
> 17,15h
>
> No Departamento de Tênis. No cubículo ao lado dos vestiários, onde são guardadas as redes e onde os pegadores escondem suas bolas e raquetes imprestáveis. O rádio é do zelador das quadras. Ouvidos atentos, olhos esbugalhados, como se vissem a cena. São três negrinhos pegadores de bola nas quadras um e dois. Cícero, quarto ano de Grupo, o mais velho; lê e escreve com perfeição; quando for grande, vai ser professor. Dito, segundo ano, alto e magro, nariz em sela; o pai está na Penitenciária, a mãe morreu, vive com a avó, tem jeito para o tênis, bate bola com o Beto e tem um cão tão magro quanto ele. Peludo. Nardo, o mais velho, fugiu da escola, já teve gonorreia e gosta de espiar as pernas "das francesas"; quando tem futebol, se esconde, só quer pegar o radinho, e foi um dos que viram a moça morta, "pelada".
>
> Misturadas aos sons da estática, as vozes, idioma incompreensível, tradução truncada justapondo-se.

São as palavras, as palavras.

ALDRIN:

— Trinta e cinco graus, cinco graus, quinhentos e quarenta pés, quatrocentos pés. Abaixo em nove, duzentos e cinquenta pés abaixo, nove para frente. Velocidade, quarenta e sete para frente... setenta... cinquenta. Abaixo a dois e meio...dezenove para a frente. Altitude-velocidade, luz, dois e meio abaixo. Treze para frente, duzentos pés, quatro e meio abaixo. Cinco e meio abaixo, nove para frente. Setenta e cinco pés, tudo bem. Meio. Seis para a frente, sessenta segundos. Para baixo dois e meio. Para frente...para frente. Quarenta pés abaixo e dois e meio. Levantando um pouco de poeira. Quatro, para a frente, flutuando um pouco à direita...

ARMSTRONG:

— Aqui fala a Base da Tranquilidade. A Águia pousou!

DUKE:

— Roger, interrompo um pouco. Vocês fizeram uns caras aqui ficar azuis de emoção.

COLLINS:

— Houston, você ouve o *high gain* do Colúmbia?

DUKE:

— Roger, ouvimos, Columbia. A Águia pousou!

A voz que vinha do nada: como um artrópode, calcário, quitinoso, a coisa afundou-se no espaço sustentada pela cauda chamejante. Pleno silêncio, turbilhão de poeira, revolvidos os depósitos do tempo. Uma nuvem formou-se ao redor do artrópode, a cauda flamejante modificou-se numa delicada coluna ígnea que gerou uma pequena cratera na superfície Lunar. Quatro tenazes forçaram o solo, e a nuvem, ao diluir-se, deixou ver pontos cintilantes na cabeça do estranho animal invasor. Só o silêncio, como se a grotesca nave temesse a resposta do mundo violado.

A bola de tênis veio rodopiando, fez um barulho chocho ao encontrar a tela de arame.

> — Onde se meteu o diabo do pegador de bola?
>
> 21,45h
>
> Os jovens, na casa dos Cranes, tinham aquilo que Susan chamara de Moon Party. Os adultos, partindo da ideia de Vânia Conrad e das preferências gastronómicas de Frederico Albano, teriam o que se poderia chamar de noite dos *escargots*, ou então, como posteriormente se passou a dizer, a noite do jogo da verdade. Quanto aos caramujos, como as empregadas falavam – foi fácil obter uma quantidade razoável de latas. Dois ou três contatos para convites e coleta do necessário foi o suficiente para Vânia. *Open house* depois das nove horas da noite, não propriamente um jantar, mas reunião festiva, com a colaboração culinária e vinícola de todos, para assistirem pela televisão – entre duas e três da madrugada, como se esperava – ao primeiro passo humano sobre a Lua. [...] [15]

E, páginas adiante, os convidados pasmos diante de uma inesperada pane no som da televisão se entregam às imagens fantasmagóricas do branco e preto transmitidas pela NASA, mas com a narração de um dos convidados que se sentiu inspirado depois de alguns drinques. O escritor, assim, interfere subjetivamente na cena dos primeiros homens na Lua sem a famosa frase de Armstrong. No seu lugar as referências culturais do autor nos conduzem ao seu universo de ideias, com a palavra o personagem narrador da festa, não outro senão aquele que, por motivo lógico, se chamava Nicolas Gervaise-Apolo. E ele, olhando as imagens bruxuleantes dizia:

> — Solto na face da Lua! O primeiro passo, o terror preexistente do lado externo da caverna. A dança

15 *Ibidem*.

tem início. Ela começou há quinhentos milhões de anos, esboçou-se no primeiro movimento de um protozoário. Vejam, lá está ele. Abaixa-se, levanta-se, ergue um braço, gira o outro. Atenção, inclina-se mais para a frente, curva-se, examinando alguma coisa. Cuidado agora, para, gira a cabeça pelo mundo branco, sente o pavor do desconhecido. O que vela além da caverna? O tigre de dentes de sabre, sáurios, esfenodontes, parântropos, sobretudo centenas de sons e milhares de sombras. Mas agora, fora da caverna interplanetária, o que assusta? Mais outros passos, abaixa a cabeça, o inacreditável de suas pegadas. O mundo do sem-som, do sem-cor, mundo-irracional onde a força se multiplica, onde o corpo ganha poderio, onde as pedras e a poeira podem falar, onde a vida não tem sentido. Atenção! O conquistador ensaio saltos, a dança ganha movimentos. Aquilo é um salto, o horizonte negro oscilou, a poeira fina acompanhou a passada, a manopla tocou-lhe a cintura, outro ensaio. A diversão no átrio da caverna, os temores pouco a pouco vão se diluindo. Como já aconteceu talvez em Olduvai. O Australopithecus desceu das árvores, atirou longe o fruto, no chão havia um antílope morto, experimentou, fincou os dentes na carne sangrenta do flanco. Esqueceu-se em definitivo dos frutos. Da árvore. Tornou-se o grão-senhor da savana.

Nicolas Gervaise-Apolo fez uma breve pausa, correu os olhos sobre os amigos ali fazendo vezes de auditório. Não podia conter-se, as ideias iam surgindo uma das outras em encadeamento perfeito, instigado pelas imagens.

— Que venham então as palavras sagradas, este é o momento. Tudo quanto te vier às mãos para fazer, faze-o na medida de tuas forças; porque no túmulo para onde vais não há obra e nem indústria, nem ciência e nem sabedoria. Não deves pois conhecer limitação e o temor desnecessário. Muito mais ainda deve ser dito. Mas o homem não sabe porque caminha e nem para onde caminha. Sabe apenas que seu poderio é ilimitado, que deve caminhar, descer de milhares de outras árvores em outras savanas, quiçá

> mais terríveis. E sabe também que onde toca lança a semente da destruição, pois a destruição é o próprio homem, acompanha-o como sombra...[16]

O romance foi muito bem recebido pela crítica. Segundo Homero Silveira do "Suplemento" de *O Estado de S. Paulo*:

> Com inegável garra balzaquiana e forrado de material farto e bem elaborado, senhor de um senso de observação e de crítica invulgar entre nós, dono de uma linguagem forte, de uma estrutura narrativa exata, tem tudo o escritor paulista para um levantamento preciso e honesto da tragicomédia humana em que nos movimentamos.[17]

Em um de seus últimos contos, um elegante volume editado pela Estação Liberdade intitulado *O 31º peregrino*, o voo da imaginação o leva para a Inglaterra do século XIX. O escritor exposto à cultura e à realidade de sua época escolhe para onde olhar; não se pode abraçar numa só vida todo o panorama ao qual somos expostos. Meu pai escolheu a aventura e a poltrona. Sua descrição da Londres medieval faria a pele de um *cockney* arrepiar, ele que nunca sequer pisou na Inglaterra. Mas, de sua poltrona com asas em faca no lugar de braços, afiadas como a ponta da asa de um Spitfire[18] ele decolou de Kent fez um *victory roll*[19] sobre as tropas em Dunquerque e numa nesga tempo-espa-

16 *Ibidem*.

17 *Ibidem*.

18 Avião monomotor de caça desenvolvido e fabricado na Inglaterra pela Supermarine entre 1938 e 1948. [N.E.]

19 Manobra aérea para anunciar ou comemorar o tiro certeiro sobre um avião inimigo ou outro motivo de celebração [N.E.].

ço aterrissou em Canterbury para recontar os contos de Chaucer. Mais uma vez se investe de personagem pouco provável para um autor sul-americano, o que atesta sua universalidade e rica imaginação. A história começa assim, na voz, e pelas mãos do poeta inglês.

> Chamo-me Geoffrey Chaucer, nasci no ano do Senhor de 1342, filho de John Chaucer, ativo comerciante de vinhos, honesto e esperto em sua atividade, capaz de distinguir seu produto da zurrapa impingida em Cheapside, submisso aos suaves néctares do Arbois e do Loire, motivo elementar da prosperidade paterna.
>
> Vim à luz na cidade de Londres, numa vetusta morada da rua paralela ao rio e que se alonga desde a Alfândega até Westminster. Londres, a maior cidade da minha alegre Inglaterra, pululante de nobres, mercadores, tecelões e armeiros, rústicos e cortesãos, pedintes e estrangeiros, beleguins e prostitutas; frades e monges, trajando o branco. O cinza e o negro; sobretudo aventureiros, procedentes não apenas da ilha, mas de todas as partes do continente. Londres, a Londinium dos romanos, com sua imensa população flutuante – mais de trinta e cinco mil habitantes – em sua curiosa topografia semicircular, esparramada pela margem esquerda do Tâmisa, demarcada em seus extremos pela Torre e pelo Templo, protegida por muralhas e fossos e flaqueada por cinco portões: de Aldgate a Ludgate e com a ponte lançada sobre o rio, dando acesso às estradas do Sul, cruzando Southwark.[20]

Assim ele desenha o cenário, o pano de fundo para que o seu 31° romeiro – na verdade os *Contos de Chaucer* eram 30 – nos conte uma história fantástica e tenebrosa; o conto da mulher grávida que narra a

20 R. T. Scavone, *O 31° peregrino*. São Paulo: Estação liberdade, 1993.

improvável visita de uma nave extraterrestre e o inesperado e surpreendente contato imediato em terceiro grau dos peregrinos, abertos que estavam ao divino e inusitado. Novamente o narrador, num esforço de retórica explica a parábola:

> A mim pouco resta, utilizei-me da ambivalência criativa, mantendo sempre que pude o equivalente entre a real aventura e a realidade imaginada. Afirmo que jamais consegui separar esses aspectos na mente. Se o cérebro humano está dividido em três células ou secções – frontal, a da fantasia; posterior, da memória e intermediária, da razão – sempre confundi esses mágicos receptáculos no afã incontrolável da criação.[21]

Nesse parágrafo Scavone faz, inadvertidamente, um autorretrato de seu estilo literário pela voz do autor medieval inglês, apaixonado que era pelas possibilidades de entrevistas imaginárias, como fez com William Faulkner, Júlio Verne, Joseph Conrad e Thomas Mann.

E temos o ensaísta, sua paixão pela literatura anglo-americana, celebrada em *Ensaios norteamericanos* [1963] e depois em *Faulkner e Cia*. [1984], onde recorre à sua vasta cultura e argúcia para praticamente conversar com seus autores mais admirados. Sei que Herman Melville foi um de seus favoritos, e a perseguição da baleia, uma de suas imagens preferidas. No ensaio "Melville e a custódia da solidão", o Scavone ensaísta mergulha em águas profundas buscando a relação entre a história de vida de um artista e sua produção em cada momento, certo de

21 *Ibidem*.

que a obra de arte quando calcada na memória e na experiência pessoal é uma tatuagem, um código a ser decifrado.

Ele escreve:

> Ingressou assim Herman Melville no ano estelar de 1850. O período mais fecundo, mais solitário de sua experiência quando, desiludido pelo lento soçobrar das últimas obras, mesmo assim sentia aquele imensurável fogo íntimo, a insânia criadora, que lhe possibilitaria um dos extraordinários momentos da literatura americana: a caça à baleia branca, *Moby Dick*.[22]

Em outro momento, se vale do recurso da entrevista imaginária, mas desta vez, como avisa, em parte realidade, com William Faulkner, que encontrou no Congresso Internacional de Escritores realizado em São Paulo em 1954. Sua paixão e cultura literária o licenciaram para falar em nome de seus autores favoritos e dar respostas a suas próprias perguntas tal era sua sede. Perguntou a Faulkner:

> Que é mais importante em seu trabalho, em sua concepção existencial, o tempo ou o espaço?

ao que ele respondeu não sem antes nos dar o gesto que antecede a ação;

> [ligeira pausa para de novo preparar o cachimbo, apertar o fornilho de bordos negros, queimados]

22 R. T. Scavone, "Melville e a custódia da solidão", *in Ensaios norteamericanos*. São Paulo: Edart, 1963.

O conteúdo exigia uma preparação, digamos uma *mise-en-scène*, uma descrição visual da cena tão necessária, para ele. O escritor americano respondeu em seguida:

> — O espaço é uma condição coletiva, comum; o tempo é um reduto privado, individual. Enquanto a este devo observar que uma coisa é o cronológico, outra é o que chamamos tempo. Lembra-se do *Som e a fúria*? Quentin Compson divaga, imerso em seu recesso atemporal, mas um tipo de divagação bem diferente da irracionalidade de Benjy, no começo da história. Se a resposta de Benjy ao tempo era puramente sensorial e incoercível, no caso de Quentin era uma fuga racional e deliberada para o passado, para aquilo que nomeei como reduto absurdo da experiência humana. E só ao ouvir o ruído insistente do relógio Quentin volta ao presente, ao seu agora. Quero apenas dizer que o passado e o presente, mesmo como recriação do primeiro, coexistem, separados somente pela cronologia que se impõe como condição didática do existir, resumida em sua função ordenadora. Mas na verdade é só no âmago de nossa mente que encontramos a legítima verdade. Lá tudo se confunde, mas em cada um e em cada momento sempre ocorre a precedência de um fato, de um acontecimento, como se todo passado se reduzisse a marcas mais fundas ou mais leves, percebe? [...] Mas aqui entra o espaço, relacionando-se com o tempo dos meus personagens. [...] *Não* seria incoerência se lhe respondesse que na minha obra o tempo e o espaço se resumem numa coisa só, interligando-se com a mesma importância. Chego às vezes a um pensamento extremado: não será o tempo apenas certa forma subjetiva de conduta perante a realidade?[23]

23 *Ibidem*.

Não posso deixar de pensar e comentar, o quanto de sua própria produção literária está destilada na voz imaginária de William Faulkner, o quanto as referências e leituras de meu pai encontraram eco na obra do grande romancista norte-americano.

Sobre essa técnica, das entrevistas imaginárias, da qual se tornou um expert, a de conversar com autores mortos, o romancista José Geraldo Vieira em prefácio ao seu livro de contos *Diálogo dos mundos* já tinha avisado:

> Sua imaginação abastece-se, depois de documentada, e em seguida zarpa arrastando num cabo de nylon esquadras de planadores para a invasão da Utopia.

Dizia sempre que tinha nascido e crescido entre livros. No discurso de posse na sua querida Academia Paulista de Letras ele rememora com sua prosa poética, extremamente visual, no seu melhor;

> Noite, luzes baças, quietude absoluta na cidadezinha do interior. Meu pai, Hermelindo Scavone, na cadeira de balanço austríaca, charuto de Brissago entre os dedos, cego, silente, concentrado. Minha mãe, Maria de Lourdes Teixeira, aos seus pés, na cadeira de palhinha de pernas serradas, livro aberto, lendo em voz alta. Próximo o menino, recostado no sofá Thonet, entre a vigília e o sono, ouvindo, ouvindo, mas nem sempre entendendo" Passeava com Joaquim Manuel de Macedo, como seria a pedra da *Moreninha*? Com Machado de Assis sabia da rua do Ouvidor e de São Clemente. Afinal quem seriam o "Boca do Inferno", Jacinto de Tormes, *O Sargento de Milícias*? Quincas Borba seria um cão, como aquele do fundo do quintal, preso durante o dia, solto ao crepúsculo? Onde ficava a estrada de Sintra? Quando crescesse seria internado no Ateneu? Depois, em outra cidade, a

> biblioteca. Imensa na relatividade do espaço infantil. Cada bloco da estante, cada prateleira um continente, estágios desafiantes de curiosidade. O menino, mesmo ante o severo paterno, tinha licença para entrar, mas a permissão para retirar volumes custou por vir. Contempla-los na magnificência do couro lavrado a nobreza da carneira destacando-se do proletário da percalina. A visão cromática das lombadas: escarlates, marrons escuros, verdes desbotados, azuis cerúleos. Não sei quando foi baixado o decreto para o manuseio, mas o menino procedia às escondidas, secretamente, havia um território virgem a ser explorado. A leitura indiscriminada precipitou o alvorecer caótico, deslumbrante. O menino percebeu que cada livro era uma cartografia de mistérios, tesouros submarinos ao alcance das mãos, passagem para o ilusório.

Claro, a biblioteca era a de meu avô Hermelindo Scavone, primeiro em Itatiba na casa onde meu pai nasceu, depois em São Paulo na rua Joaquim Távora. Meu avô foi um excelente orador e pianista. Minha avó, Maria de Lourdes Teixeira, foi jornalista da *Folha de S. Paulo* e romancista. Primeira mulher a ser eleita para uma Academia de Letras no Brasil, ocupou a Cadeira número 12 de 1969 a 1989. Meu avô, filho de imigrantes, segunda geração de um pai que teve imenso sucesso empresarial como industrial, fazendeiro e, posteriormente banqueiro, portava uma deficiência visual. Quando criança teve um acidente e perdeu a visão. Minha vó, tantas vezes me contou, lia alto, os romances e a poesia, tudo que estava alinhado nas prateleiras da biblioteca-memória da infância de meu pai. A literatura chegou precoce aos seus ouvidos pelo instrumento de som mais contundente e indelével, a voz materna.

Meu avô paterno foi um homem singular, o fato de ser cego aguçou sua curiosidade visual numa contradição afinada com sua sensibilidade, afinal parte do mundo chegaria a seus ouvidos filtrada por olhos de outrem. Uma vez, eu chegado de Londres onde fui estudar Fotografia, me pediu para vê-las. Eu me sentava ao seu lado e descrevia a cena, ele passava a mão na superfície, ora opaca, ora brilhante das ampliações, e discorria sobre o toque dos papéis mate ou esmaltados ou casca de ovo, como eram conhecidos alguns da Kodak, ou ainda com um toque de seda, no caso dos papéis alemães da extinta Agfa. Sempre achei que a deficiência visual de seu pai teria exacerbado seu poder de observação, instrumentos imprescindíveis para o fotógrafo modernista em formação e o escritor latente.

Meu pai viveu sob o signo da curiosidade, da imaginação, da observação e da leitura.

Diz-se que todo grande autor tem um flerte com a literatura infantil em algum ponto da sua trajetória. Na verdade, as grandes fábulas e histórias para crianças são escritas para os adultos. No caso de meu pai o círculo se fecha desde o limiar de sua carreira literária quando estreava na ficção científica. Dizia *que O homem que viu o disco voador* era uma incursão no território de Júlio Verne. Nos finais da década de 1970 contribui para uma série de livros voltados ao público infanto-juvenil. A obra que se chama *O projeto dragão* logo de início previne os ávidos por respostas etéreas ou místicas para os problemas da humanidade e prepara seu novo público para seu modo de enxergar o universo. Em epígrafe aparece este curioso parágrafo:

> Certa ocasião, num jantar entre amigos, o físico italiano Enrico Fermi, conversando sobre extraterrestres indagou:
>
> — Afinal, onde estão eles?

> Ninguém soube responder, porém eu respondo:
>
> — Estão lá, nas profundezas do cosmos. Mas, principalmente, na mente dos humanos.

E fecha sua história, apenas aparentemente infantil, sobre contato com alienígenas, com um posfácio. Nele, o romancista, uma vez mais realizado, estende a mão para o seu primeiro amor, a ficção científica, e diz:

> Então, gostou de *O projeto dragão*? Pois bem, o que você acabou de ler é uma versão juvenil de um dos mais fascinantes gêneros literários, a ficção-científica. É difícil definir essa modalidade; dezenas e dezenas de propostas já foram apresentadas. Afinal, em que consiste? [...] Seria o intuito desse gênero desvendar o futuro? A resposta é não, mas, eventualmente, com a ciência imaginada, a premonição poderá ocorrer, sem necessidade da bola de cristal. Ninguém duvida: imaginar é mais importante do que conhecer, pois o imaginário é o ponto de partida da mais ousada ciência. O velho astrônomo Kepler tinha razão: o científico nada mais é senão a relação entre o observado e o imaginado.

Pois ele imaginou um cosmonauta russo colhendo flores para sua amada num pântano que exalava metano nos confins de Saturno, no conto "Flores para uma terrestre", incrivelmente ilustrado pela sua fotografia com efeito de solarização de Tulipas. Um estudo subjetivo e original sobre a impossibilidade de se transplantar a "beleza". Nas suas palavras:

> Se o Imaginar é a mais requintada dádiva concedida aos homens, a ficção científica é o mais alto grau deste privilégio. Pois ela escapa ao Tempo e

ao Espaço, integra-se com o sonho. Poderemos ser deuses ou crianças, monstros ou amantes. Robôs ou marcianos. Tudo, sobretudo, mais ou menos do que mortais. Equivale dizer, desgarrados de limitações, despojados de contingências, libertos de misérias, quiçá despidos da própria consciência. Talvez uma forma inédita de julgar o próprio existir. Como se fosse possível, ainda que por momentos, livrarmo-nos do nosso eu. Certo modo de dissolver a angústia subjacente, visceral de tudo que existe, derivada da inércia humana ante o mistério da existência.

Album para
Photographias

Itatiba, SP, *c.* 1940

Casa paterna em Itatiba, SP

Chá da tarde na Fazenda Santa Rosa, em Itatiba, SP

Família Scavone em Itatiba, 1925. Da esquerda para a direita: Miguel Salvador, Maria Scavone Salvador, Publio Dall'Acqua, Luis Scavone, Rosa Perrone Scavone, Hermelindo Scavone (Bilico), Rosa Scavone, Elvira Angela Michellini Dall'Acqua, Philomena Scavone Dall'Acqua e Breno Caramuru Teixeira (sentado).

Hermelindo Scavone (Bilico) e Maria de Lourdes Teixeira Scavone em frente à sua casa na rua Joaquim Távora, SP

Retrato de Rubens Teixeira Scavone
criança, década de 1930

Bilico, década de 1920

Hermelindo (Bilico) e James Scavone, seu bisneto, na casa de Itatiba, 1977

Rubens com o pai em Copacabana, RJ,
década de 1930

Maria de Lourdes e Bilico no Packard, fazenda Santa Rosa, Itatiba, SP

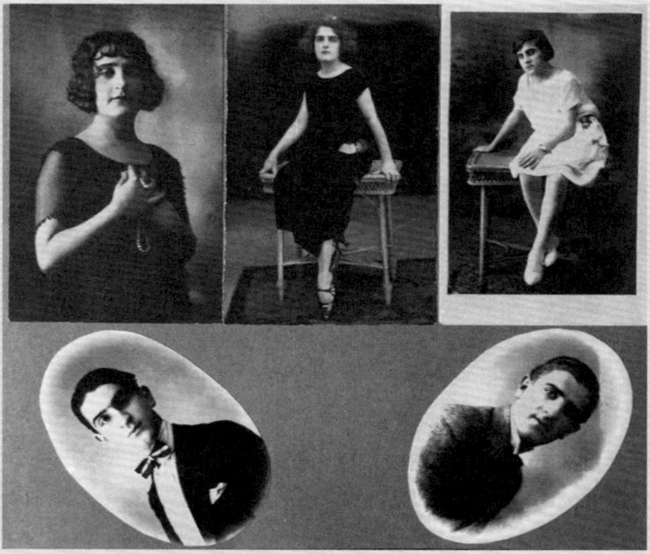

Os cinco filhos de Luiz e Rosa Scavone: Maria Scavone Salvador, Philomena Scavone Dall'Acqua, Rosa Scavone, Hermelindo Scavone (Bilico) e Paschoal Scavone

Rosana Scavone Dall'Acqua

Rubens Teixeira Scavone e sua mãe Maria de Lourdes, década de 1940

Biblioteca paterna na casa de Itatiba

Bilico e Maria de Lourdes na biblioteca, década de 1920

Rubens em Copacabana, RJ, década de 1920

Rubens em Copacabana

Rubens, Natal de 1927

Rubens no pomar da fazenda Santa Rosa, Itatiba

Primeiros ensaios fotográficos de Rubens com seu primo Romano

Seu filho Marcio com o avião

Maria Sílvia, "A menina da barca"

Marcio, "O menino e o balão"

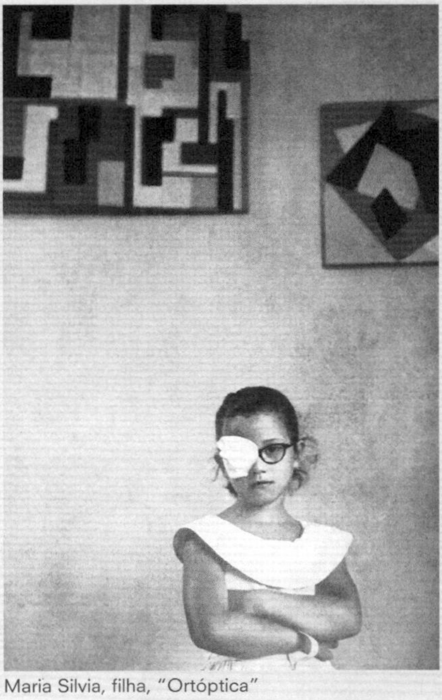

Maria Silvia, filha, "Ortóptica"

Maria Eugênia Scavone e sua neta Liza, década 1980

Rubens e Maria Eugênia, 1986, em Campos do Jordão

Rubens e seus netos Lorenzo e James Scavone

Rubens com seus filhos, Maria Silvia e Marcio

A família nos anos 1960 em Campos do Jordão

OBRAS DE RUBENS TEIXEIRA SCAVONE

ATIVIDADES LITERÁRIAS (PERIÓDICOS ACADÊMICOS)

"Evocações da Academia", "Cântico de glória à França" |*O Progresso*, Itatiba, 1943, 1944

"A paisagem é o homem" | *Folha Universitária*, 1944

"Depoimento da atual geração acadêmica", "Sinos de Nata", "A obsessão oceânica (estudo sobre [Joseph] Conrad e [Jack] London)","A vida e a obra atormentadas de Paulo Eiró" | *Arcádia*, respectivamente em 1944, 1945, 1946, 1947.

"Cortiço (páginas de um romance)", "A ronda dos espectros", "Música de Venusberg", "Corvo pedindo chuva", "Balada do homem só", "Melionta Tauta", "*Pavane pour une infant defunte*", "Eles foram pela noite", "Thalassa! Thalassa!", "A música, sim a música!" | *Folha Paulista*, respectivamente em 1944, 1945, 1946.

"A estrado do tabaco", "Noticiário de Dos Passos", "Uma tragédia americana", "Breve história da literatura norte-americana" [publicada semanalmente em 12 capítulos] | *Correio Paulistano*, respectivamente em 1946, 1947, 1948, 1947-48.

"Ele, ela e os dedos de gesso", *Jornal de notícias*, 1948

LIVROS

O homem que viu o disco voador. São Paulo: Distribuidora Paulista de Jornais, Livros e Impressos Ltda., 1958, 1ª e 2ª edições; 3ª edição, São Paulo: Editora Clube do Livro, 1961; 4ª edição, São Paulo: Companhia Editora Melhoramentos, 1975.

Degrau para as estrelas. São Paulo: Editora Martins, 1961.

O diálogo dos mundos. São Paulo: Editora G.R.D., 1961; 2ª edição, São Paulo: Editora Clube do Livro Ltda., 1965.

As planícies cinzentas da lua, em *Antologia brasileira de ficção científica*. São Paulo: Editora G.R.D., 1960.

A bolha e a cratera, em *Além do tempo e do espaço*. São Paulo: Editora Revista dos Tribunais, 1965.

Ensaios norteamericanos (estudos críticos sobre as obras de Melville, Dreiser, Mailer, Wolfe, Dos Passos, Wright, Miller, Capote, Mac Cullers, Bradbury, Hemingway, Faulkner, Fitzgerald e Calowell). São Paulo: Edart, 1963.

O lírio e a antípoda. São Paulo: Edart, 1965; 2ª edição, São Paulo: Editora Revista dos Tribunais, 1972.

Passagem para Júpiter. São Paulo: Editora Mundo Musical, 1972.

Clube de Campo. Rio de Janeiro: Editora Record, 1973; 2ª edição, 1980 [Prêmio Jabuti da Câmara Brasileira do Livro, melhor romance].

A noite dos três degraus (2ª edição do O lírio e a antípoda, revista e acrescida), São Paulo: Companhia Editora Melhoramentos, 1976.

Morte no palco. São Paulo: Clube do Livro, 1978.

Faulkner e Cia. Sao Paulo: Editora Soma, 1984.

Templários, Frankenstein, Buracos Negros e outros temas. São Paulo: Editora Hemus, 1991.

O 31º Peregrino. São Paulo: Estação Liberdade, 1993.

TEXTOS EM OUTROS LIVROS

"Pílulas para a paz" e "O grande eclipse". *In Sete faces da ficção científica*, Marcia Kupstas (org.). São Paulo: Editora Moderna, 1992, pp 39-45 e 98-112.

"Especialmente, quando sopra outubro". *In Os melhores contos brasileiros de ficção científica*, Roberto de Sousa Causo (ed.). São Paulo: Devir Livraria, 2007, pp. 123-30.

"Número transcendental". *In Os melhores contos brasileiros de ficção científica: fronteiras*, Roberto de Sousa Causo (ed.). São Paulo: Devir Livraria, 2009, pp. 93-105.

"O 31.º peregrino". *In As melhores novelas brasileiras de ficção científica*, Roberto de Sousa Causo (ed.). São Paulo: Devir Livraria, 2011, pp. 131-76.

"Nota Explicativa: A mais aterradora e surpreendente caixa de pandora: o cérebro humano". *In O planeta perdido*, Luiz Armando Braga. São Paulo: Clube do Livro, 1968, pp 5-8.

"Introdução". *In Anjo de dor*, Roberto de Sousa Causo. São Paulo: Devir Livraria, 2009, pp. 7-8.

"Morte no palco". *In Fractais Tropicais: o melhor da ficção científica brasileira*. Nelson de Oliveira (org.) São Paulo: SESI-SP Editora, 2018.

PREFÁCIOS EM EDIÇÕES DO CLUBE DO LIVRO (DE 1978 A 1980)

"Dickens, o artesão de uma época", "Literatura policial: a racionalização do enigma", "As 'crianças' e a cartografia do medo", "Júlio Verne, o bacharel frustrado", "Henry James e o terror absoluto", "Jack London, o apelo da aventura", "Ficção científica, a prospecção do futuro", "A ilha dos piratas", "O planeta perdido", "Aciona com maestria as chaves e os módulos que ainda comandam aquela região dourada de nosso inconsciente".

TRABALHOS PUBLICADOS NA REVISTA DO CLUBE DO LIVRO

"Alice, o humor e o gato", julho de 1979; "As origens da poesia", outubro de 1978; "Diagnóstico da violência", fevereiro de 1979; "Júlio Verne, o profeta de Nantes", dezembro de 1980; "Ficção científica", dezembro de 1980.

TRABALHOS PUBLICADOS NA REVISTA *PLANETA*

"O paraíso terrestre vai renascer?", agosto de 1975; "A terra é oca?", novembro de 1975; "Condição Ômega, catástrofe", agosto de 1975.

CONTOS PUBLICADOS NO *MAGAZINE DE FICÇÃO CIENTÍFICA*, EDITORA GLOBO

"Número transcendental", setembro de 1970; "O fim da aventura", dezembro de 1970,

ALGUNS DOS TRABALHOS PUBLICADOS NA REVISTA *MANCHETE*

"O 1984 de George Orwell", 1982; "Huxley e o Admirável Mundo Novo", 1982; "A epopeia do Império Britânico", 1982; "A volta do cometa Halley", 1983; "Existem os extraterrestres?", 1983; "O enigma dos discos voadores", 1983; "O mistério da estrela Vega", 1983.

ALGUNS DOS TRABALHOS PUBLICADOS NO "SUPLEMENTO CULTURAL" DO *ESTADO DE S. PAULO*

"Thomas Mann, entrevista imaginária", "Wolfe e o inconciliável", "Ficção científica e cibernética", "Salinger e a metafísica do cotidiano", "Melville e as Encantadas", Mailer, a vida como romance", "Baker Street e Conan Doyle", "Joseph Conrad, entrevista imaginária", "Júlio Verne, entrevista imaginária", "William Faulkner, entrevista imaginária", "Golding, a metafísica da ilha", "Mailer, o romance feito vida".

ALGUNS DOS TRABALHOS PUBLICADOS NO *JORNAL DA TARDE*

"A morfologia do extraterrestre", "Os UFOS existem?", "Júlio Verne e o 'Exocet'".

TRABALHOS SOBRE ARTES PLÁSTICAS

"Presença de Goya", "Cinema e Literatura", "Luzes da ribalta", "Portinari, Batataes, Giotto, Siena e outras coisas", publicados em *A Notícia*", Jabuticabal, 1952.

"O primitivo José Antonio da Silva", *Folha da Manhã*, 1954.

"O primitivo Cássio M'Boy", na Revista *Américas*, editada pela Pan American Union (bilingue espanhol e inglês), abril e março, 1960.

"A arte de Nelson Leirner" (catálogo da exposição), setembro, 1964.

"Da fotografia como arte", introdução ao *Anuário Brasileiro de Fotografia*, Foto Cine Clube Bandeirantes, 1957.

"O décimo Salão de Arte Fotográfica de São Paulo", em *Folha da Manhã*, setembro de 1955.

"A mulher e a pintura", conferência em São José do Rio Preto, Rotary Clube, 1954

"MITOS DO SÉCULO XX" | *DIÁRIO POPULAR*, 1975-76, PUBLICAÇÃO SEMANAL

"O Triângulo das Bermudas", "A Terra oca", "O monstro do Lago Ness", "Stonehenge, além do tempo"

CONTOS PUBLICADOS NA "FOLHA FEMININA" (*FOLHA DA MANHÃ*), 1963-64

"Só, na praça ensolarada", "A degradação do tempo", "O rato e o zodíaco", "Os corpos sólidos", "O passageiro".

ALGUNS TRABALHOS INDEPENDENTES

"Thomas Wolfe e o 'Anjo'", na apresentação da peça *Look Homeward Angel*, Teatro Oficina, 1962.

"Oração para uma negra, Faulkner", na apresentação da peça *Requiem for a Nun*, Teatro Bela Vista, 1960.

Paris Photo, Marcio e Rubens Fernandes, curador, na galeria RocioSantaCruz, 2018

Paris Photo, Grand Palais, Paris, 2018

Rubens Teixeira Scavone retratado por Marcio em 1969

La Caravelle, década de 1950

Maria Eugênia de Araujo Scavone por Rubens

Rubens Teixeira Scavone, na Faculdade de Direito do largo de São Francisco

Eugênia, ao centro, na formatura do CPOR

Rubens Teixeira Scavone com sua câmera Leica

"O Muro", anos 1950

"Lenha", década de 1950

"Tulipas", década de 1950

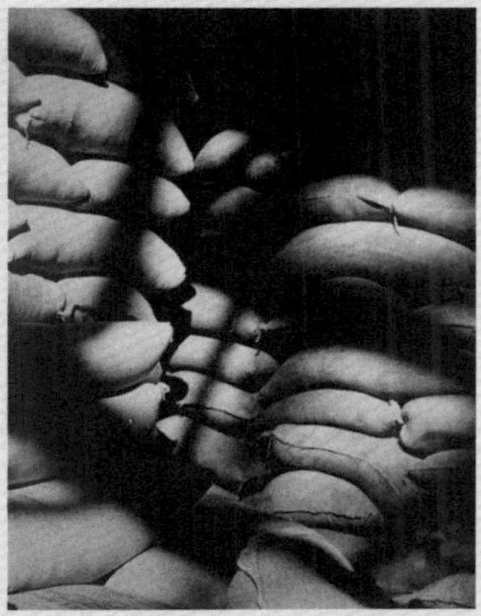

"Composição com sombra", década de 1950

"Les belles de nuit", década de 1950

"Retrato de mulher", década de 1950

Rubens retratado por Marcio na década de 1980

Clube de Campo de São Paulo, inspiração para seu premiado romance

O casal José Geraldo Vieira e Maria Eugênia por [Samson] Flexor, 1952

"Cíclope", anos 1950

"O menino e o robô"

Rubens na visita ao estúdio de Marcio
com o gato Plus-X

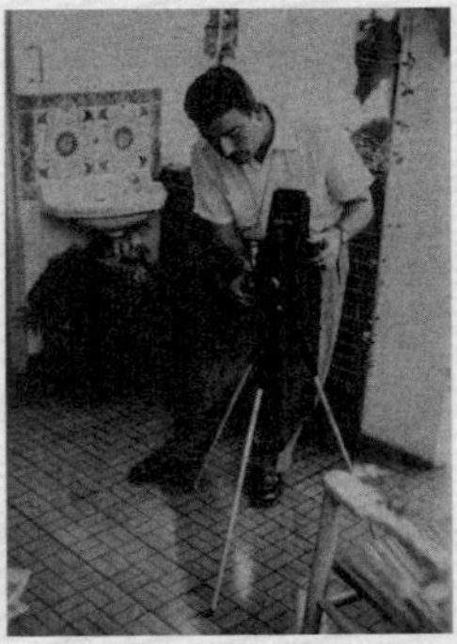

Rubens Teixeira Scavone,
tripé e câmera

Lançamento do livro *Degrau para as estrelas*, 1961, Livraria Teixeira

MORTE,
NO PALCO
Rubens Teixeira Scavone
Clube do Livro

O homem que viu
o Disco-Voador

FICÇÃO CIENTÍFICA
O DIÁLOGO
DOS MUNDOS
RUBENS TEIXEIRA SCAVONE

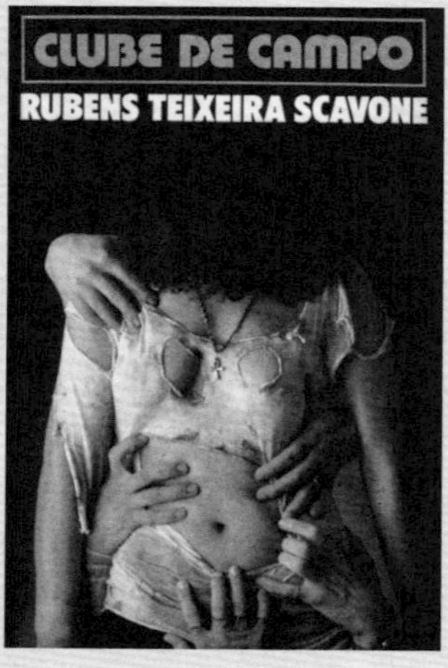
CLUBE DE CAMPO
RUBENS TEIXEIRA SCAVONE

FAULKNER
&
CIA.
RUBENS TEIXEIRA SCAVONE

RUBENS TEIXEIRA SCAVONE
O LÍRIO
E A ANTÍPODA

O escritor

LONDON
ENGLAND

POSSE NA APL
MARCIO SCAVONE

Exmo. Presidente da Academia Paulista de Letras, Gabriel Chalita, caríssimos acadêmicos, queridos convidados.

Meu pai, minha inspiração maior, o acadêmico, escritor e jurista Rubens Teixeira Scavone, sabia escrever muito melhor do que eu, e, para piorar as coisas, foi um orador excepcional. Me resta então, com a naturalidade que só os filhos têm quando começam a abrir nossas gavetas ou pegar nossos livros ou jaquetas de couro, tomar emprestada, sem nenhuma cerimônia, sua frase de abertura em seu discurso de posse nesta casa, há exatamente trinta anos.

"Aqui cheguei pela boa vontade dos senhores acadêmicos".

Depois disso, seu discurso se torna profundo e magnífico. Isso já não posso prometer do meu. O dele parte como um projétil lunar do seu querido Júlio Verne em direção ao país dos poetas. E foi assim, pela mão de nosso poeta maior, meu Virgílio nesta viagem, nosso querido decano, Paulo Bomfim, que aqui cheguei. A Cadeira número 9, que espero honrar com toda a minha energia e habilidade é, uma Cadeira de poetas. Manuel Antônio Álvares de Azevedo, poeta e escritor romântico, é seu patrono. Vou ocupá-la sucedendo uma jurista-poeta, Ada Pellegrini Grinover, que tal como meu pai misturou a lei dos homens com a poesia nesse *brodo* indescritível no qual me encontro, tropeçando entre as vírgulas. Esta casa é sobre a preservação da memória. Ela é sobre a vida. Ela é sobre a não morte da obra. Ada nos deixou um legado sensível, de peso e vulto inesquecíveis.

Sou fotógrafo, um caçador de pistas e vestígios que me inspirem.

Por isso, fiquei atento às migalhas de poesia e prosa que meu pai, minha avó e José Geraldo Vieira, seu marido, deixaram ao longo da floresta para que eu achasse o caminho até este largo do Arouche.

Gaston Bachelard – proibi meus filhos de o lerem até que tivessem pelo menos 30 anos, por se tratar de um incendiário de almas sensíveis – que não fez faculdade, e mesmo assim, foi dar aulas de Filosofia naquela tal de Sorbonne, em Paris, foi um homem muito perigoso! Para mim ele chegou como uma dessas maravilhosas migalhas, eu tinha mais de 40 anos quando encontrei um de seus livros na biblioteca de meu pai. Mesmo assim, a blindagem da minha maturidade não foi suficiente para rechaçar seus tiros, principalmente quando ele me bombardeou, como um terrorista irresponsável, e atirou um verso de Jules Supervielle no meu caminho como se fosse um tronco em chamas para que eu tropeçasse. E este, mais irresponsável ainda, como são os grandes poetas, ousou, em uma só linha, nos dizer quem somos nas horas serenas.

Disse assim sobre nossa existência: "Habitantes delicados das florestas de nós mesmos". Nessas florestas encontro imagens, sigo imagens, vivo de imagens.

PRIMEIRA IMAGEM

Minha aventura para chegar aqui, começou num fim de verão longínquo.

Minha mãe e eu, sentados na beirada da minha cama trocamos o seguinte diálogo: "Marcio, você tem certeza que quer ir?" – a passagem da Air France para Londres sobre a colcha verde-água – ela continuou: "Olhe, se você ficar e estudar Engenharia na Poli ou no ITA eu te dou uma câmera Hasselblad de presente".

Alegre com a ideia, mas desapontado, respondi: "Ué, mas se você me der uma Hasselblad de presente eu nunca mais vou parar de fotografar, e não vou estudar Engenharia nem que me paguem!". Ficamos assim olhando um para o outro, vítimas do mais carinhoso dilema: o insolúvel sofisma da câmera fotográfica.

A mala continuava aberta em cima da cama, beijei minha mãe, fui até a estante, peguei dois livros e ajeitei assim entre as camisetas e as meias de lã, um reforço a mais, agora intelectual, contra o frio e o fog que supostamente me esperavam em Londres. Um dos livros era a obra poética completa de Fernando Pessoa, da editora José Aguilar, com uma capa imitando couro, a assinatura do poeta em relevo dourado, impresso em papel-bíblia. O outro, um romance que para mim foi formativo. Era o *Território Humano*[24] de meu terceiro avô, o também acadêmico José Geraldo Vieira. O romance era autobiográfico, como geralmente as obras-primas são.

Eu, que sempre fui meio dramático, me considerava assim uma espécie de David Copperfield no exílio, e deveria – ao longo da minha história – me tornar

24 José Geraldo Vieira [José Geraldo Manuel Germano Correia Vieira Drummond Machado da Costa Fortuna], *Território humano*. São Paulo: Martins, 1972, 2ª ed.

o herói da minha própria vida como o personagem de Dickens. Olhei a mala mais uma vez e a fechei. Pronto, o universalismo e o humanismo destes dois gigantes, e a língua portuguesa, estavam seguramente embarcados. Eram dois clandestinos, escondidos sob a lona do escaler, seriam meus companheiros no meu ataque ao mundo anglo-saxônico que, por uma força de gravidade desconhecida, me puxavam para aquela Londres do começo dos anos 1970.

Londres seria a nova floresta a ser explorada. Lá continuei procurando vestígios e migalhas de poesia, nas vozes de Joan Baez, Bob Dylan e Leonard Cohen. O menino se tornava um homem.

No meu primeiro ano de Londres aprendi a ficar sozinho, escrevi um diário e comecei a fotografar as ruas. Morava num quarto alugado na casa de duas velhinhas adoráveis, uma solteira, alegre, e a outra, viúva de um piloto da RAF, da Segunda Guerra, que insistia em lavar minha cabeça na pia para economizar água. Ficaram chocadas com o fato de um menino brasileiro tomar tanto banho. O esquema se chamava *bed-sitting*, como o nome diz, uma cama e uma poltrona. Um último detalhe e o mais curioso de todos, era uma tábua encerada encostada à parede. Dias depois me explicaram que a tábua era para se colocar atravessada sobre os dois braços da poltrona e servir de apoio para eu escrever. Era a minha escrivaninha!

De dentro da poesia de Pessoa, onde ressonavam histórias de marinheiros e viagens distantes aprendi o que era uma imagem literária, aprendi com ele, e com a minha vida que todo "o cais é uma saudade de pedra", "Ode marítima". O visor da câmera e o livro aberto se confundiam. Tudo era imagem. E uma imagem é muito mais do que uma ideia, a imagem, esta, a qual dedico minha vida é uma ideia armada de emoção e sentimento. Do *Território Humano* eu também colecionava visões, o ataque era em pinça – como numa manobra militar –, Pessoa de um lado, José Geraldo, do outro.

Para mim, *Território Humano* foi uma revelação. Mal sabia que as imagens que iria perseguir a vida inteira já estavam ali à minha frente: seu texto era assim repleto de metáforas fotográficas.

A cena: uma estação de trem do Oeste paulista nos anos 1940. Uma noite de tempestade quase shakespeariana:

> Era alta noite. Chovia torrencialmente. A extremidade da plataforma da estação, assim mal iluminada e batida pelo vento e pelas bátegas, transfigura-se em proa dum navio a arfar. [...] O temporal (trovões, raios, lâminas d'água) recrudescendo, de súbito apagou as luzes da estação e do almoxarifado. Os passageiros tiveram que se recolher depressa às salas de espera e ao passadiço central, enquanto um funcionário e um servente dependuravam inúteis lanternas. E então aquelas massas compactas de lavradores, caixeiros-viajantes, crianças, mulheres e velhos logo perderam o aspecto de gente. Todos [...] agora pareciam fardos [...]. Fardos comprimidos, de terra humana.

Eu fechei o livro e chorei.

Esta era terra humana que me interessava.

Estes seriam os retratos que consumiriam e consomem a minha vida.

Mas eu tinha dezenove anos e havia feito um acordo com meus pais: um ano em Londres estudando inglês. Voltei, casado com uma inglesinha e um diploma de Cambridge na mão. Depois percebi que aquela volta não era uma volta, mas o apogeu da minha órbita em torno da Inglaterra. Retornaria depois para ficar alguns anos e estudar fotografia.

SEGUNDA IMAGEM: O COPO DE LUZ

Meus amigos sabem, subi no ombro de gigantes.

Tive sorte e privilégio.

Sempre me senti assim, admirando os mais velhos e, de repente, me vejo mais velho, mas de novo, por bondade desta casa, generosidade e circunstância, me sinto um jovem novamente, pronto para aprender.

As imagens de meu pai me chegaram cheirando hipossulfito do fixador do laboratório improvisado no banheiro nas tardes de sábado. Fui assistente e modelo. Com ele, texto e imagem vieram colados como a legenda de um álbum de figurinhas. Fui o menino em contato com a inteligência artificial de um inseparável companheiro robô em um de seus contos de ficção científica. Fui o menino das ruas monocromáticas de Paris do pós-guerra perseguindo um balão vermelho. E finalmente, li sua mensagem em código posando para um retrato.

Se me permitem vou ler o trecho de minha autoria do livro *Copo de luz*[25] sobre esse retrato meu quando criança:

> Sentei na mureta em frente à nossa casa no Ibirapuera. O ano era 1958. Meu pai me pediu para segurar um copo d'água em contraluz e posar para ele. Não entendi e fiquei olhando para o fundo do copo. Eu que procurava um sentido em tudo aquilo. Algo que explicasse toda a empolgação de um adulto sobre aquela cena tão banal. Acho que lá no fundo do copo enxerguei uma vida. Nesse dia, meu pai tinha me dado uma profissão.

25 Marcio Scavone. *Copo de luz: ensaios sobre fotografia como arte e memória*. São Paulo: Alice Publishing Editora, 2018

TERCEIRA IMAGEM: LINGUAGEM DAS ÁGUAS

Escritores numa certa biblioteca. Luz de inverno. Entra o poeta Paulo Bomfim e me atira no colo um envelope pardo com 52 haicais, ou flashes, como ele mesmo definiu os 52 versos.

Entendi rápido, ou devagar demais... ele me dava a letra, agora faltava a música.

No caso, a música seriam as fotografias que de certa forma conversassem com o poema. Abri o envelope-bomba e estilhaços de poesia voaram em meu rosto. Desde Gaston Bachelard eu já sabia do perigo e da volatilidade das palavras quando colocadas em certa ordem. Que ousadia, que explosão sensual de ritmo e conteúdo, como ousou dizer que "rios creem em nuvens", que "canoas fantasmas singram séculos de espanto", que "o vento inventa castelos" e que "Dragões perseguem o evaporar dos homens". Minha mão seca e áspera segurava a câmera e tentava entender que "quando o oceano secar em nossos corações seremos a areia da praia".

QUARTA IMAGEM: AUSCHWITZ

Um dos meus livros é sobre o Holocausto. Fotografei Auschwitz, Auschwitz-Birkenau, Treblinka e Madjanek no inverno de 2008. O sol brilhou em quase todas as visitas, o que deu às cenas um tom surreal. Em Auschwitz estava tudo cinza meio azulado, sem a providencial neve que talvez tivesse dado um romantismo indesejado às fotografias.

Auschwitz tem que ser o lugar mais triste do mundo, é onde nossa ideia de humanidade nos confunde. Senti, então, que uma fotografia daquele lugar não poderia ser tão forte quanto a tristeza profunda que estava no ar. Vi o casal se aproximar da placa, não muito longe da plataforma do trem onde os nazistas separavam os vivos dos [que seriam] mortos, onde escolhiam aqueles que iriam ser levados para as câmeras de gás imediatamente. A placa que o casal olhava era um mapa. Uma planta do inferno. Agora, com ambos na minha frente, tive a certeza de que construía, finalmente, uma imagem à altura do que ali tinha se passado. A mulher, arqueada como se transportasse o peso do mundo. Ele, hirto, vestido de negro, e seus óculos, o único detalhe em foco da fotografia. Eram um instrumento de análise, um filtro e uma lupa. Aquele casal era a própria imagem da testemunha ocular de um crime.

QUINTA IMAGEM: VIAGEM À LIBERDADE

Gosto de contar histórias com a minha fotografia. Sou fascinado com a quantidade de informação que um bom retrato carrega.

Fazendo meus retratos, descobri que as pessoas estranhas que fotografo são como ruas desconhecidas por onde andamos. Cidades, países e continentes desconhecidos: rostos, mundos a serem visitados. Decidi então que um lugar pode ser retratado como uma pessoa. Uma cidade ou um bairro tem cheiros, luzes, traços e personagens únicos. Estava na hora de fazer o que chamei de retrato expandido. E fiz meu livro *Viagem a Liberdade*,[26] o bairro oriental de São Paulo. Visitei aquelas ruas cem vezes, dormi em pequenos hotéis baratos e me enchi de sushi. Só percebi que tinha sido aceito pela comunidade local quando um velho japonês me parou na calçada, me olhou nos olhos e disse: "O senhoro fotorografa todo dia né?". Pronto, pensei, acostumaram comigo, baixaram a guarda, posso invadir. Sobre este ensaio de rua, escrevi no livro:

> Correndo atrás da furtiva luz, tropecei uma tarde, num buraco da calçada e caí de joelhos em frente a uma loja de oratórios budistas de madeira. Numa atitude de reflexo e proteção segurei a câmera com as duas mãos estendidas diante de mim até que os meus cotovelos encontraram o chão numa atitude típica de reverência. Prostrado assim, por acidente, segurava a câmera em oferenda diante da loja budista, como se ela fosse um livro sagrado e contivesse nas entranhas alguma verdade.

26 M. Scavone. *Viagem à Liberdade: em busca da alma japonesa de um bairro*, São Paulo: Alice Publishing Editora (versão em português e japonês), São Paulo, 2008.

SEXTA IMAGEM: E ENTRE A SOMBRA E A LUZ

Em 1990, tranquei meu estúdio e fui novamente morar na Europa. Comecei, então, uma viagem que me levaria a conhecer o escritor italiano Antonio Tabucchi, autor de *Noturno indiano*[27] e tradutor de Fernando Pessoa. Escrevi a ele uma carta, um fax para um estranho. Nesse fax eu o convidava a escrever o texto do meu primeiro livro.

Dois meses depois ele responde:

> Caro Marcio, gostei muito do seu fax.
>
> Desculpe se respondo em tamanho atraso.
>
> A história que você me conta suscita em mim um *feeling* existencial.
>
> Gostaria de ver suas fotografias. Tenho curiosidade.
>
> Por favor ponha se em contato comigo.

Rapidamente, reuni umas 60 fotografias, coloquei numa caixa e as despachei para seu endereço em Vecchiano, um vilarejo na Toscana, vizinho a Pisa.

Ele me devolveu um conto em forma de carta.

Nesse conto ele fala da experiência de receber uma caixa de fotografias de um estranho:

> Manuscrito encontrado numa garrafa que viajou sabe-se lá por que diafragmas do mundo.

Nascia assim meu primeiro livro, *e entre a sombra e a luz*.[28] De um verso de Fernando Pessoa, de uma

27 Antonio Tabucchi, *Noturno indiano*. Rio de Janeiro: Rocco, 1991.

28 M. Scavone, *e entre a sombra e a luz*, texto Antonio Tabucchi. São Paulo: DBA, 1997.

poesia chamada "Abat-Jour",[29] e que estava claro o tempo todo naquele surrado e viajado volume das obras completas, que dizia: "e entre a sombra e a luz que oscila no chão meus sonhos conduzem a minha intenção".

Entre luz e sombra, claro, era onde eu me encontrava, na penumbra, um fotógrafo ainda desconhecido, procurando o seu [próprio] olho. O verso de Pessoa apenas sublinhava o que minhas fotografias deveriam justificar: minha existência.

Foi como uma luz — mais uma — um flash intermitente, estroboscópico, que queimasse minha retina e sobrasse apenas o cérebro.

Entendi tudo e, a partir de então, venho tentando me sair o melhor possível.

Eu sei que...

A viagem para dentro foi uma experiência tão forte que às vezes me sinto como aquele marinheiro que visitou os bordéis malaios, as casas de gueixas de Quioto, e que se vê novamente em alto-mar pescando atum...

Voltei para meu estúdio em São Paulo e para minha rotina, só que agora... eu tinha um olho.

29 Fernando Pessoa, "Abat-Jour", in *Poesias*. (Nota explicativa de João Gaspar Simões e Luiz de Montalvor.) Lisboa: Ática, 1942 (15ª ed. 1995).

SÉTIMA IMAGEM: MANUELZÃO

A missão seria fazer o retrato de um quase personagem de Guimarães Rosa.

Tratava-se de Manuelzão Nardi, que nasceu em 1904 e posou para mim em 1996. Cavalgou com o romancista, foi seu guia e inspiração, lhe deu palavras, lhe deu imagens.

Se toda sua vida fosse um texto linear, fotografei suas últimas linhas.

"Me mostra uma vereda", disse o fotógrafo da cidade ao velho vaqueiro.

Rodei com o homem pelo cerrado, facão na mão no meio da estrada asfaltada que rasgava o sertão. "Agora vamos lá, no meio do mato, por favor", falei para o velho. "A vereda, onde está?", eu insistia como se isso fosse minha salvação, a explicação de eu estar assim tão perdido naquele mato.

Vereda, palavra de sentido múltiplo, caminho, circunstância, fluxo de águas no meio de uma floresta de palmeiras. Oásis do sertão. A essência do cerrado, a contraluz no buriti, e o céu do sertão se fecharam em volta da cena. O fotógrafo da cidade não enxergava sozinho. Via apenas a monotonia e o silêncio do cerrado. Coloquei os olhos no visor, enquadrei.

Fiz o foco nos olhos do Manuelzão. Era ali que se acumulava toda a luz do sertão. Era ali, nos seus olhos, que finalmente enxerguei um oceano revolto, boiadas ao crepúsculo, festas em capelas iluminadas e mulheres inesquecíveis.

As linhas do diálogo final do conto de Guimarães Rosa flutuavam na minha frente:

> Vai, meu filho. É a luz dos teus olhos, que só Deus teve poder para te dar [...] Um dia todos se encontram...[30]

Foi ali, que mais uma vez aprendi a ver.

30 João Guimarães Rosa, "Campo geral", *in Corpo de baile*. Rio de Janeiro: José Olympio Editora, 1956.

OITAVA IMAGEM: MARIA DE LOURDES TEIXEIRA

Ela foi romancista, foi sofisticada, viajada e emancipada.

Foi a primeira mulher a ser aceita numa Academia de Letras no Brasil, em 1969.

Sua autobiografia, seu último livro, se chama *A carruagem alada.*

Nele, ela fala do tempo.

> Horas, dias, anos. Tantos anos! O acúmulo de todo este vasto tempo decorrido, o belo outrora que ainda ilumina o presente, forma o meu destino, a parcela que me coube viver, o meu instante de passagem pela existência a caminho do não-ser.
>
> Tudo pertence a um universo tão remoto que me parece a nebulosa recordação de um velho filme em branco e preto, de que só me ficaram retalhos de acontecimentos, apagadas emoções.

E conclui:

> Mas, como Dostoiévski e Neruda, posso dizer: vivi. E como Péguy: deixo as espigas maduras e o trigo ceifado. Tenho minhas contas feitas com a vida, nesta tranquila espera da noite absoluta.

Esta foi minha vó.

NONA IMAGEM

É a que eu gostaria que levassem para casa: a de um homem realizado e agradecido... Um homem que escolheu a fotografia como expressão...

Por ser ela linguagem universal.

Pela sua capacidade de emocionar antes de ser compreendida.

Acredito que o rosto de alguém pode ser a tela de sentimentos absolutamente impossíveis de serem descritos. Portanto, em certas situações, quando a luz e a carga emocional se combinam de maneira única, me contento em ser apenas o rádio por onde a música toca.

Os rostos se sucedem e eu, com essa máquina de fazer imagens vou, da maneira que consigo, tentando aprisionar os sentimentos por traz das memórias, esta frágil filha do tempo.

Agora, se me permitem, vou mais uma vez embarcar na máquina do tempo de H. G. Wells e roubar, espero que com a devida benção, as palavras finais de meu pai em seu discurso de posse.

Se me permitem, ele disse e eu repito...

Srs. acadêmicos, não vos decepcionarei.

São Paulo, 22.03.2018

CRÉDITO DAS IMAGENS

p. 47 | Lorenzo Scavone

pp. 58-59; 69 ["La Caravelle"]; **70; 72-73** | Rubens Teixeira Scavone

pp. 68 [Grand Palais]; **69** [Rubens Teixeira Scavone]; **74; 75** ["Cíclope"]; **76; 88; 90; 92; 94; 96; 100; 102** | Marcio Scavone

Todas as demais pertencem ao acervo família Scavone.

O autor agradece a James Scavone, Lorenzo Scavone e Angela Elvira Dall'Acqua.

AGRADECIMENTOS

Esta Coleção nasce de esforço coletivo antes de se findar 2020. Ano marcado por duros adjetivos para toda a humanidade. Entre nós, foi ano em que a vida cultural se viu obrigada a se reinventar para que o melhor do que o Brasil sempre produziu permanecesse em todos os campos das artes.

Tempos em que, tão prejudicada, a cultura resistiu e criou alentos, e neste nosso caso, a lembrar que livros podem ser lindos, simples, acessíveis e revelar traços das obras e de personalidades brasileiras que o leitor poderá conhecer e, seduzido, buscar se aprofundar.

Foram os desenhos de Fernando Lemos, esse gênio de invenção permanente em tantas linguagens, que tiraram o formato da Coleção do lugar-comum. Em parceria com Raul Loureiro, ele não poderia sequer ter suspeitado, mas teria reconhecido a maestria.

A coleção integral dos desenhos que compõem nossas capas se encontra no acervo do Museu de Arte Moderna de São Paulo, que os tem sob sua guarda graças à doação de *O Estado de S. Paulo*, integrantes de seu "Suplemento Literário" – proposto a Júlio de Mesquita Neto e Ruy Mesquita, em 16.07.1956, por Antonio Candido de Mello e Souza, que lhes apresentou um plano completo e detalhado para um suplemento literário e artístico.

Nossos agradecimentos se voltam inicialmente ao MAM-SP, que acolheu proposta de nossa Coleção, licenciando os originais de Fernando Lemos. Prosseguem com Patricia de Filippi e Millard Schisler, do Estúdio 17, cujo registro fotográfico desse conjunto nos foi gentilmente autorizado.

Sem Fernando Lemos o formato da Coleção não teria esse brilho, essa chamada e distinção, essa clareza de comando e de expressão, com requintes de inteligência, criatividade e senso de humor que o artista manteve na poesia, em seus provérbios, em seus postais, na gravura, na fotografia, na pintura, nos desenhos, em sua letra e assinatura, na vida.

A generosidade de Fernando Lemos marcou atavicamente os seus, os quais, potencializando os gestos costumeiros dele, cederam seus direitos para essa Coleção de imortais que agora também o imortaliza: a gratidão dos editores a Beatrix, Ana, Titita, José Augusto, Rodrigo e Paola.

Agradecer ainda aos acadêmicos da APL que se dedicaram a escrever sobre personalidades admiráveis que compõem esta série. E a todos aqueles que, na Imprensa Oficial do Estado de São Paulo e na Academia Paulista de Letras, contribuíram para cada título, desde a matriz da Editora ao chão da Gráfica.

JOSÉ RENATO NALINI
NOURIVAL PANTANO JÚNIOR

Biblioteca da Imprensa Oficial do Estado de São Paulo
Ivone Tálamo – Bibliotecária CRB 1536/8

S288h
Scavone, Marcio
Rubens Teixeira Scavone: o homem que viu / Marcio Scavone – São Paulo : Academia Paulista de Letras: Imprensa Oficial do Estado de São Paulo, 2020.
112 p., il. – (Coleção APL Perfis biográficos; v. 5)

Bibliografia.
Notas de rodapé.
Fotografias: Rubens Teixeira Scavone e Marcio Scavone

ISBN 978-85-401-0192-0

1. Scavone, Rubens Teixeira 1925 – 2007 2. Literatura brasileira – I. Título.
II. Série.

CDD B869.92

Índices para catálogo sistemático:
1. Scavone, Rubens Teixeira : Biografia B869.92
2. Literatura brasileira – Crítica e interpretação 869.92

Foi feito o depósito legal na Biblioteca Nacional
(lei nº 10.994, de 14.12.2004).

Grafia atualizada segundo o Acordo Ortográfico da Língua Portuguesa de 1990, em vigor no Brasil desde 2009.

Impresso no Brasil, 2020

Academia Paulista de Letras
Largo do Arouche, 312/324 República
01219-010 São Paulo SP Brasil
tels 11 3331 7222 | 11 3331 7401
www.academiapaulistadeletras.org.br
e-mail: apl@academiapaulistadeletras.org.br

Imprensa Oficial do Estado de São Paulo
Rua da Mooca, 1921 Mooca
03103-902 São Paulo SP Brasil
SAC 0800 0123 401
www.imprensaoficial.com.br

2020 ACADÊMICOS APL

7 Anna Maria Martins
32 Antonio Penteado Mendonça
16 Bolívar Lamounier
4 Célio Debes
23 Celso Lafer
11 Eros Roberto Grau
27 Fábio Lucas
36 Dom Fernando Antônio Figueiredo
5 Gabriel Benedito Issaac Chalita
37 Ignácio de Loyola Brandão
31 Ives Gandra da Silva Martins
33 Jô Soares
13 João Carlos Martins
18 Jorge Caldeira
22 José de Souza Martins
26 José Fernando Mafra Carbonieri
25 José Goldemberg
15 José Gregori
29 José Pastore
40 José Renato Nalini
8 Juca de Oliveira
3 Júlio Medaglia
6 Luiz Carlos Lisboa
28 Lygia Fagundes Telles
9 Marcio Scavone
35 Maria Adelaide Amaral
24 Mauricio de Sousa
2 Miguel Reale Júnior
12 Paulo Nathanael Pereira de Souza
30 Raul Cutait
1 Raul Marino Junior
20 Renata Pallottini
21 Roberto Duailibi
10 Rubens Barbosa
38 Ruth Rocha
39 Ruy Ohtake
19 Synesio Sampaio Goes Filho
34 Tércio Sampaio Ferraz Jr.
14 Walcyr Carrasco
17 Zuza Homem de Mello (*in memoriam*)

PATRONOS APL

1 José Joaquim Machado de Oliveira
2 Visconde de São Leopoldo
3 Matias Aires
4 José de Anchieta
5 Eduardo Prado
6 Couto de Magalhães
7 José Bonifácio de Andrada e Silva (O Moço)
8 Bárbara Eliodora
9 Álvares de Azevedo
10 Cesário Mota
11 Bartolomeu de Gusmão
12 Paulo Egydio
13 Alexandre de Gusmão
14 Martim Francisco Ribeiro de Andrada
15 Luiz Gama
16 Américo Brasílio de Campos
17 Júlio César Ribeiro
18 Antonio de Toledo Piza e Almeida
19 Barão de Piratininga
20 Ezequiel Freire
21 Antônio Carlos Ribeiro de Andrada Machado e Silva
22 João Pereira Monteiro Júnior
23 Monsenhor Manuel Vicente
24 Quirino dos Santos
25 Visconde de Porto Seguro
26 Martins Fontes
27 Conselheiro Ramalho
28 Caetano de Campos
29 Paulo Eiró
30 Regente Feijó
31 Rangel Pestana
32 Ezequiel de Paula Ramos
33 Teófilo Dias
34 Pedro Taques de Almeida Pais Leme
35 Antonio de Godoi Moreira e Costa
36 Euclides da Cunha
37 João Mendes de Almeida
38 Clemente Falcão de Souza Filho
39 Gabriel José Rodrigues dos Santos
40 José Bonifácio de Andrada e Silva (O Patriarca)

IMPRENSA OFICIAL DO ESTADO DE SÃO PAULO

CONSELHO EDITORIAL

Andressa Veronesi
Flávio de Leão Bastos Pereira
Gabriel Benedito Issaac Chalita
Jorge Coli
Jorge Perez
Júlia Saluh
Maria Amalia Pie Abib Andery

COLEÇÃO APL

Coordenação | Curadoria
JOSÉ RENATO NALINI

Coordenação editorial
CECÍLIA SCHARLACH

Edição
ANDRESSA VERONESI

Assistência editorial
CARLA FORTINO

Desenhos | Capas e orelhas
FERNANDO LEMOS | COLEÇÃO MAM-SP

Projeto gráfico capas
RAUL LOUREIRO

Projeto gráfico miolo
TERESA LUCINDA FERREIRA DE ANDRADE

Reprodução desenhos Fernando Lemos
ESTÚDIO 17 | PATRICIA DE FILIPPI, MILLARD SCHISLER

Impressão e acabamento
IMPRENSA OFICIAL DO ESTADO S/A – IMESP

Formato 12 x 21 cm
Tipologia Neuzeit, Optima
Papel miolo offset 90 g/m²
Papel capa Cartão Triplex 250 g/m²
Páginas 112

GOVERNO DO ESTADO DE SÃO PAULO

Governador
JOÃO DORIA

Vice-governador
RODRIGO GARCIA

IMPRENSA OFICIAL DO ESTADO DE SÃO PAULO

Diretor-presidente
NOURIVAL PANTANO JÚNIOR